Souvenirs
d'un plaideur

éditions Asticou

case postale 210, succursale A
Hull (Québec) J8Y 6M8
(819) 776-5841

PRODUCTION: Conception graphique, typographie et mise en pages: André
Couture / Illustration de la page couverture: Marie Paquet / Impression:
imprimerie Roger Vincent ltée.

DISTRIBUTION: Diffusion Prologue inc., 2975, rue Sartelon, Ville Saint-Laurent
(Québec) H4R 1E6. Au téléphone: (514) 332-5860 ; de l'extérieur de Montréal:
1-800-363-2864.

DÉPÔT LÉGAL: Premier trimestre de 1989 / Bibliothèque nationale du Québec /
Bibliothèque nationale du Canada.

ISBN 2-89198-090-5

Anne Marie

Robert Marchand

SOUVENIRS
D'UN
PLAIDEUR

éditions Asticou

DÉDICACE

Ce modeste ouvrage a été écrit dans un sentiment d'affectueuse reconnaissance envers feu mes parents, Arthur Marchand et Virginie Dion, qui m'ont donné ma première éducation. Ils avaient une conscience aiguë du devoir et de la nécessité du sacrifice.

En commençant à écrire, je pense aussi à mes cinq frères et soeurs, dont l'amour fraternel m'a réconforté tout au long de ma vie. Hélas! quatre d'entre eux sont déjà disparus.

Je dédie également ce livre à mon épouse, Gilberte Paquet, qui m'a toujours soutenu dans le bonheur et dans l'épreuve, et à nos sept enfants. Leur amour filial m'a toujours accompagné et me soutient encore aujourd'hui, à l'orée de la vieillesse. Ils y trouveront sans doute que, si « l'homme est un loup pour l'homme », l'amour du prochain est le véritable chemin à suivre, à travers notre courte vie.

Cette collection, forcément très limitée, de souvenirs et de réflexions est aussi dédiée aux nombreux clients qui m'ont honoré de leur confiance durant ma carrière.

Enfin, je ne veux pas oublier de mentionner la collaboration de mes anciens associés. Je crois les avoir bien traités et je suis reconnaissant pour leur appui durant plusieurs années.

Introduction

Mais vivre sans plaider, est-ce contentement?
— Racine, *Les Plaideurs*

Ceci n'est pas un livre de fiction. Toutes les affaires évoquées ou racontées dans cet ouvrage sont basées sur des faits vécus. Cependant, par souci de discrétion, ou par courtoisie pour certaines personnes qui pourraient se reconnaître ou en reconnaître d'autres, la plupart des noms ont été omis ou remplacés par des initiales changées ou par des points de suspension. Effectivement, et malgré cette précaution, certains lecteurs pourront retrouver des figures connues, mais je ne puis rien y faire. D'ailleurs, il importe de considérer que presque tous les procès se déroulent en séance publique, et que certains sont publiés dans la presse ou dans les rapports judiciaires, le huis clos étant l'exception.

Il m'a semblé que l'expérience d'un avocat de province valait la peine d'être racontée. J'espère qu'on pourra y voir le visage humain de la justice. Dans une grande ville, la Cour a plutôt l'apparence d'une usine, alors que dans une petite ville, où les gens ont plus de chance de se connaître, on rencontre souvent plus de compréhension et plus de simplicité. De fait, ce n'est pas à la légère que j'ai fait un tel choix de l'endroit où exercer ma profession. C'est cette idée qu'a exprimée l'ancien chef du Parti libéral du Québec, Georges-Émile Lapalme, dans ses mémoires. Dans son livre intitulé *Le Bruit des choses réveillées* (t. I, p. 233), il écrit : « La vie professionnelle dans une aussi grande ville [Montréal] me paraissait inhumaine et monstrueuse ; trois années de cette existence m'avaient confirmé dans mon impression première et je ne pouvais me résoudre à ce que j'avais au début qualifié d'usine légale. La surface de cette vie, toute brillante qu'elle fût, de loin, ne m'attirait pas. Je n'avais jamais pu m'habituer au rythme fébrile des bureaux, à l'éternelle course vers tout l'appareil juridique du Palais et à la promiscuité avec des inconnus qui par centaines portaient le titre d'avocat.»

Ceci n'est pas un plaidoyer *pro domo*, ni une confession, mais un exposé contenant des faits véridiques, destiné à faire connaître davantage la profession d'avocat, particulièrement dans un milieu rural. Chez nous, un avocat de province, c'est celui qui a son bureau ailleurs que dans les villes de Québec et de Montréal. Bien sûr, il a les mêmes droits et les mêmes obligations que ses autres confrères, mais sa vie et son travail revêtent un caractère quelque peu différent.

Cet ouvrage, je me suis efforcé de l'écrire en bon français, mais il n'a aucune prétention au titre d'oeuvre littéraire. Le but principal poursuivi ici, c'est de montrer au public le rôle et l'utilité de l'avocat, voire la nécessité de sa présence dans notre société. En outre, je m'efforcerai de souligner les particularités du milieu rural, où l'avocat d'une petite ville doit oeuvrer.

Le «moi» est détestable, je le sais très bien. Mais dans ce genre d'écrits, qui s'apparente quelque peu à celui des mémoires, il est nécessaire d'utiliser la première personne assez souvent. Après tout, cette expérience, c'est l'auteur qui l'a vécue. D'ailleurs, je ne crois pas avoir besoin de me faire de scrupule : à chaque jour, à la radio, à la télévision, dans les journaux, de nombreux personnages se racontent ; ils se penchent sur leur passé ; ils viennent dire : j'ai fait ceci, j'ai accompli tel exploit, etc. Il y a quelques années, Louis Nizer, célèbre avocat américain, a écrit un livre qui est devenu rapidement un « best-seller ». Sous le titre de *My Life in Court*, il y raconte l'essentiel de six de ses causes les plus importantes. Il y emploie le «je» des centaines de fois. Enfin, en lisant l'Histoire, on voit que de nombreux grands hommes, aussi bien que des auteurs plus médiocres, ont fait de même.

Quant à moi, qui n'aspire aucunement au titre de grand homme, je veux simplement dire que d'autres avocats de province auraient pu ou pourraient intéresser le lecteur en publiant leurs expériences, mais si l'on considère que je puis les représenter assez fidèlement, j'en serai bien aise.

L'exercice de la profession d'avocat est une école de la vie, l'une des meilleures qui soient. Dans le secret du cabinet de l'avocat et à la Cour, soit publiquement, soit par exception à huis clos, se déroulent des drames de toutes sortes, des manifestations parfois violentes des intérêts et des passions des individus, alors que la justice impartiale doit trancher dans le vif pour satisfaire les uns et souvent meurtrir les autres. En guise de comparaison avec une scène de théâtre, on pourrait rappeler ici les termes du prologue de l'opéra *Paillasse*, où le spectateur sera témoin de luttes acharnées, d'expressions de haine, d'animosité, de jalousie, d'amour, de joie et de larmes.

Au terme d'une carrière extrêmement active, j'ai songé à écrire mes souvenirs, d'abord pour ma satisfaction personnelle. C'est une sorte d'examen de conscience professionnelle. Ai-je bien accompli mon devoir? Ai-je réussi? Ai-je bien servi mes clients et la société en général? La réponse me paraît affirmative, bien que j'aie été conscient de mes carences et de mes erreurs.

Puis, j'ai voulu écrire pour rendre hommage à mon épouse Gilberte, qui m'a toujours appuyé, en dépit des sacrifices qu'elle a faits surtout quand je travaillais pendant de longues heures le soir, à mon bureau. Je lui garde une reconnaissance émue et éternelle.

En commençant à écrire, j'ai aussi pensé à nos enfants, sur lesquels je fondais et fonde encore beaucoup d'espoirs. J'ai travaillé pour eux, mais ils ne me connaissent pas suffisamment. Ainsi ils apprendront un tant soit peu par quelques faits et quelques réflexions, le sens de ma vie.

Enfin, encouragé par des parents et des amis, j'ai décidé de tenter avec confiance l'aventure périlleuse d'une publication qui, je l'espère, saura atteindre le but visé. Ce n'est pas sans beaucoup d'hésitations que j'ai pris cette décision de livrer au public ces quelques souvenirs et réflexions. Pendant longtemps, j'ai laissé mûrir ce modeste exposé de mes travaux, que je n'ai nullement l'intention de comparer avec les oeuvres des grands avocats de l'Histoire, ou même avec les travaux des meilleurs de nos maîtres de chez nous. Mais je croyais que le récit de mes expériences pourrait être de quelque utilité pour informer un public qui ne connaît pas suffisamment le rôle joué par les avocats, surtout ceux de province, qui doivent travailler sur un éventail très varié de situations litigieuses.

Les exemples rapportés ici pourraient peut-être servir aussi aux étudiants en droit et aux jeunes avocats, ne serait-ce que pour les aider à surmonter certaines difficultés auxquelles j'ai dû faire face.

Pour justifier le titre de plaideur que je me suis donné au début, et pour la gouverne du lecteur, je dois dire que, comme plusieurs avocats de province, j'ai pris la parole dans presque toutes les cours de justice de la province de Québec, et même devant la Cour suprême du Canada. On sait que la juridiction de cette dernière s'étend à tout le Canada. Ainsi, les intérêts de mes clients m'ont conduit de Plessisville à Thetford Mines, Arthabaska, Sherbrooke, Montréal, Québec, Sorel, Percé, La Tuque, New Carlisle, Trois-Rivières, etc.

En outre, j'ai plaidé dans toutes les cours, soit la Cour des commissaires, qui n'existe plus, la Cour des sessions de la paix, la Cour de magistrat, devenue la Cour provinciale, la Cour supérieure, la Cour d'appel, qui s'appelait auparavant la Cour du Banc du Roi ou de la Reine, la Cour suprême et les différents tribunaux administratifs, comme la Commission des accidents du travail, la Régie des services publics, la Régie des transports, la Commission fédérale des loyers, la Régie provinciale des loyers, la Commission canadienne des pensions, etc.

De plus, m'inspirant du Code civil, du Code de procédure civile, du Code criminel et de nos nombreuses lois statutaires des gouvernements fédéral et provincial, le devoir envers une clientèle assidue et fidèle m'a amené à travailler sur des causes et des litiges de toutes sortes, portant par exemple sur des accidents d'automobiles, des questions de loyers, de fraudes, concernant des infractions de tous genres au Code de la route, ou commises par des individus en état d'ébriété, des vols avec effraction, des affaires de compagnies, de diffamations, de libelles, viols, séparations, de divorces, reconnaissance de paternité, perception de comptes, et de nombreuses actions en dommages-intérêts, sans compter les injonctions, les causes de bornage, une tentative de meurtre, etc.

Ces souvenirs d'un plaideur ne concernent pas seulement un certain nombre de causes plaidées, mais aussi plusieurs consultations, entrevues ou conseils donnés aux clients, car dès qu'un problème lui est soumis, l'avocat doit penser en fonction d'un litige possible qui se résoudrait peut-être devant un magistrat ou un juge avec jury. Il doit se demander ce que fera la partie adverse en recevant, soit une lettre d'avocat, soit une action, soit une saisie. En un mot, il doit prévoir avant de décider de poursuivre, de conseiller telle ou telle défense, ou encore de rédiger ses procédures de telle ou telle façon. Il doit même se demander quelle sera l'attitude du juge ou du jury en entendant la preuve et les plaidoiries, si la cause se rend devant la cour. L'habitude du prétoire est un précieux avantage pour tout professionnel du droit.

Sans doute, les quelques récits qui vont suivre, basés, je le répète, sur des expériences vécues, ne peuvent faire revivre le drame fascinant de la cour en séance, car rien n'égale l'atmosphère de la cour, pas même la magie du cinéma, la présence familière de la télévision ni l'ambiance d'une pièce de théâtre, mais ils peuvent en donner une idée. Ainsi, l'on pourra peut-être sentir la morsure du fouet de la question posée au témoin, admirer l'éloquence de l'avocat, imaginer un peu la tempête des sentiments et de l'émotion soulevée à certains moments au prétoire, et l'on verra que, dans ces débats devant l'impartialité faite homme, la vérité émergera et la justice sera rendue.

Et maintenant, la cour est ouverte !

CAUSES
ET INCIDENTS
COCASSES

UN HOMME SÛR DE LUI

Un commerçant devait environ 2 000 $ à mon bureau, et j'avais pris un jugement pour mon client contre lui. Celui-ci vint me voir un bon matin, l'air jovial et quelque peu fanfaron. Il avait sans doute pris un verre pour se donner de l'assurance et il parlait avec volubilité.

« Monsieur l'avocat, dit-il, je n'ai pas d'argent pour le moment, mais j'en aurai avant longtemps et je vais vous régler tout ça, j'parle ben, hein ! » Il continuait sans me laisser placer un mot, ajoutant à la fin de chaque boniment : « J'parle ben, hein ! » Un tel lui devait une somme importante qu'il devait recevoir sous peu. Un autre devait lui acheter une partie de terrain. Enfin, il était sur le point de faire une coupe de bois qui lui rapporterait gros. Après avoir répété à chaque argument son « j'parle ben, hein ! », il s'arrêta, le visage épanoui, campé sur ses deux jambes, fier de lui, pour attendre ma réaction. « Écoutez, monsieur, lui dis-je, votre délai est expiré, et je ne vous attendrai pas indéfiniment. Si dans un mois, vous ne m'avez pas payé en entier, je vais vous envoyer une belle saisie, j'parle ben, hein ! »

Tout décontenancé, l'homme tourna les talons et partit...
Moins d'un mois plus tard, je recevais un paiement complet.

TROP PARLER NUIT

Dans une cause pénale de moyenne importance, le procureur de la Couronne plaidait. Il parlait, parlait, parlait, et le juge avait manifestement hâte de le voir terminer, d'autant plus qu'il était souvent en dehors du sujet. Mon client était inquiet. Devant ce flot d'éloquence, il se croyait perdu. D'un geste et du regard, je dus le rassurer.

Quand vint mon tour d'exposer le point de vue de l'accusé, profitant de l'état d'esprit du juge, je m'adressai à lui à peu près en ces termes : « Votre Seigneurie, je soumets respectueusement qu'un seul point mérite considération dans cette cause ; si la réponse est oui à la question principale, l'accusé est coupable, mais si la réponse est négative, mon client doit être acquitté. Or, selon la preuve, la réponse est non, et je demande un acquittement. »

Et le juge de répondre : « Vous avez parfaitement raison, maître Marchand, votre demande est accueillie. »

L'autre avocat avait parlé pendant près de trois quarts d'heure, alors que pour moi, moins de cinq minutes avaient été amplement suffisantes. On est toujours tenté d'en mettre plus pour impressionner et convaincre le juge, et surtout ne rien oublier, mais il vaut parfois mieux être bref et au point.

Cette situation me faisait penser à Vittorio de Sica, le grand acteur italien, qui tentait, dans un film désopilant, de masquer la faiblesse de ses arguments par une volubilité éblouissante. À la fin, son client perdait quand même sa cause.

LA FEMME DE CÉSAR

Pleine d'assurance, bien habillée, bien maquillée, la jeune femme entre dans la boîte aux témoins. Il s'agit d'une cause matrimoniale, en Cour supérieure.

Le protonotaire.— Quel est votre nom, madame?

La dame.— Je suis la femme de César.

Le protonaire.— Pardon!

La dame.— Je suis la femme de César.

Le juge.— Écoutez, madame, ce n'est pas le temps ni l'endroit pour dire des niaiseries. Je ne me prends pas pour Alexandre le Grand ou Napoléon, moi.

La dame.— Je vous dis, monsieur le juge, je suis la femme de César... Vous savez, César et ses Romains, c'est un groupe de musiciens très populaires en ce moment. Tout le monde connaît ça, voyons!

Le juge.— Ah! je comprends... Mais ne nous racontez pas l'histoire romaine.

Et les spectateurs de s'esclaffer.

UN INCIDENT DANS LA COUR

C'était au palais de justice de New Carlisle. À la fin d'une cause d'accident d'automobiles, apparemment provoqué par une vache sur la route nationale, un incident se produisit. Après ma plaidoirie pour le conducteur de l'automobile, l'avocat de la partie adverse, soit le propriétaire de la vache, se mit à raconter à sa façon les circonstances de l'accident. Soudain, un prêtre, qui avait été témoin et qui se trouvait dans la salle d'audience, s'écria : « Ce n'est pas vrai ce qu'il dit là ! Monsieur le juge, est-ce que je puis parler ? » Réponse immédiate du juge : « Non, monsieur l'abbé, quand vous faites un sermon à l'église, on n'a pas le droit de parler. »

Et l'autre avocat put terminer sa plaidoirie sans être davantage interrompu, mais sans trop de succès d'ailleurs.

UNE SURPRISE

Une très jolie blonde avait reçu une contravention pour vitesse excessive dans les rues de la ville. Refusant de payer l'amende, elle prétendait que l'agent qui l'avait arrêtée, dépité d'avoir essuyé un refus à la suite de ses avances, voulait exercer une vengeance personnelle. Elle me demanda de prendre sa défense.

Au bureau, elle vint avec son mari pour me dire qu'elle n'allait pas vite au volant de sa voiture et qu'elle était prête à paraître en cour. C'était pour elle une question de principe, le montant en jeu n'ayant pas d'importance.

Témoignant à son procès, la dame, dont la beauté semblait impressionner tout le monde, même le juge, contredit le témoignage de l'agent de police, qui était seul au moment de l'infraction présumée. Nos chances paraissaient bonnes de faire rejeter la plainte. Mais, pour lui permettre de convaincre le juge de la véracité de ses affirmations, je lui demandai de répéter une dernière fois qu'elle n'avait pas circulé à une vitesse illégale, à ce moment-là.

— C'est vrai que je n'allais pas vite, dit-elle, je vous l'assure.

— Mais encore, ajoutai-je, à quelle vitesse alliez-vous ?

— Je ne dépassais certainement pas 50 milles à l'heure, fit-elle.

Les bras me tombèrent ; le maximum permis était de 30 milles à l'heure à cet endroit.

Le mari, qui accompagnait sa femme, lui lança : « Maudite folle ! »

UN PLAIDEUR DÉCONTENANCÉ

Voici une scène dont j'ai été témoin au palais de justice de Québec, en attendant mon tour de plaider devant la Cour des sessions de la paix.

La salle était remplie à capacité, car on attendait aussi la comparution d'un accusé de meurtre.

L'homme avait porté plainte pour voies de fait contre son voisin qui l'avait repoussé violemment de chez lui. Il s'agissait d'une querelle au sujet d'une source d'eau fraîche qui traversait les deux propriétés, mais sur laquelle les deux cultivateurs prétendaient avoir des droits exclusifs.

Confiant dans son bon droit, l'air fantasque et orgueilleux, le plaignant s'adressa au juge :

— À peine avais-je mis les pieds sur le terrain de mon voisin pour faire dévier le cours d'eau sur mon terrain, celui-ci me lança un gros morceau de bois en pleine face.

L'avocat.— Où l'avez-vous reçu ?

Le plaignant.— Drette dans le dos, monsieur l'avocat.

L'auditoire se mit à rire.

Le juge.— Savez-vous, monsieur, votre voisin a bien fait d'agir de la sorte. Si j'avais été là, j'aurais fait la même chose. Il y a d'autres moyens de faire valoir ses prétentions légales.

Le plaignant était atterré. Les bras pendants, le visage défait, il n'aurait pas été plus décontenancé si la foudre lui était tombée sur la tête. Imperturbable, son avocat entreprit une longue plaidoirie, trop longue pour une cause perdue. Le juge le lui fit bien voir. Impatienté, il déclara être prêt à rendre son jugement sur le siège, mais l'avocat continuait à pérorer, cherchant de nouveaux arguments en faveur de son client. Alors, le juge lui dit :

— Me B..., je vous dis que vous avez perdu votre cause, ça ne sert à rien de parler davantage, la plainte est rejetée.

Mais l'avocat continuait toujours :

— Dans cette cause, il semble que votre Seigneurie ait oublié de considérer...

Alors, le juge se leva et dit :

— Me ..., vous pouvez toujours continuer à parler, mais vous resterez seul, moi je m'en vais.

On croyait assister à une scène des *Plaideurs* de Racine !

L'EXACTITUDE S'IMPOSE

Un avocat bien connu, jouissant d'une très bonne réputation après de longues années d'exercice, plaidait pour l'appelant dans une cause d'accident d'automobiles. Apparemment confiant dans le succès de sa plaidoirie, il dénaturait les faits d'une façon qui aurait attiré des reproches à un jeune confrère. Quand vint mon tour d'adresser la parole aux trois juges, je commençai ainsi: «Vos seigneuries, en écoutant mon savant confrère, je me demande s'il ne se trompe pas d'accident ou si son imagination n'est pas en train de lui jouer un vilain tour...» Cette remarque était quelque peu impertinente, mais le président du tribunal esquissa seulement un léger sourire.

Le résultat ne se fit pas attendre.

LES « SCABS »

À la suite d'une échauffourée devant l'établissement d'un employeur, lors d'une grève, un citoyen de la région prétendait avoir été diffamé honteusement dans une résolution adoptée à une réunion syndicale, et surtout dans une lettre circulaire. Furieux d'y avoir été traité de « scab », il vint me demander s'il y avait lieu de poursuivre le syndicat en justice. Je demandai à mon client quelques jours de délai pour étudier la question, en attendant d'obtenir de plus amples informations sur les événements des derniers jours.

Cette affaire n'eut pas de suite car, comme je l'avais prévu, l'homme décida de ne pas entreprendre de procédures judiciaires, craignant certaines représailles.

Cependant, je dois dire que la lecture de la lettre circulaire m'a bien fait rire. En voici un extrait :

« Après que Dieu eut fini de créer le serpent à sonnettes, le crapaud, le vampire, il lui restait encore une substance horrible avec laquelle il fit un « scab ». Un « scab » est un animal à deux pattes avec une âme tire-bouchon, une cervelle limoneuse, combinées d'un rein de gelée et de *glue* [?]. Où les autres portent le coeur, le « scab », lui, porte une tumeur de principes pourris. Quand un « scab » passe dans la rue, les hommes lui tournent le dos, les anges dand le ciel versent des torrents de larmes et le diable ferme précipitamment les portes de l'enfer de peur qu'il y entre. Un « scab » ne devrait pas exister aussi longtemps qu'il y aura quelque part un remous d'eau assez profond pour y noyer son corps ou un câble assez long pour prendre sa fétide carcasse. Judas Iscariote, comparé à un « scab », était un gentilhomme, car après avoir trahi son maître, il a eu assez de caractère pour aller se pendre, mais un « scab » n'en a pas. Esaü a vendu son droit d'aînesse pour un plat de lentilles. Judas Iscariote a vendu son divin maître pour trente pièces d'argent. Benedict Arnold a trahi son pays pour une promesse de commission dans l'Armée anglaise. Le moderne briseur de grève vend son droit d'aînesse, son pays, sa femme et ses confrères sur une fausse promesse de la part des trusts ou des grandes corporations... »

N'a-t-on pas ici l'impression que Larousse lui-même ne se serait pas donné autant de peine pour définir un seul mot ?

SATAN NOIR

C'était un petit homme nerveux, à l'allure un peu chafouine, les yeux toujours en éveil, comme s'il se tenait constamment sur ses gardes. Il avait ce qu'on appelle chez nous un «patois» : Satan noir! On a raconté que, vieux garçon, il avait un peu de difficulté à trouver une femme. «Satan noir, disait-il, si j'en poigne une, a va payer pour les autres!»

Il avait brassé quelque argent après la guerre, au temps de la prospérité. Il avait bâti plusieurs maisons de piètre qualité et, après un certain temps, les locataires de la plupart de ces maisons commencèrent à faire des difficultés pour le payer, de sorte que ses affaires devinrent mauvaises à un point tel qu'il perdit tout ce qu'il avait. Finalement, il dut partir.

Il était pour moi un client difficile, en ce sens qu'il me payait très mal pour les nombreux services professionnels que j'étais appelé à lui rendre quand il était mal pris, ce qui arrivait très souvent sur une longue période. «Satan noir, disait-il, j'ai pas d'argent, attendez-moi et je vous paierai plus tard.» Mais il ne payait pas souvent. À un moment donné, je perdis son adresse. Or voici qu'un jour, sur un boulevard de Québec, survient à côté de mon automobile, une grosse Cadillac d'un modèle peu récent, conduit par un petit homme : c'était lui!

En m'apercevant, il esquissa un mouvement brusque pour se cacher le visage et il se recroquevilla pour se rendre invisible à mes yeux. Alors je dis à mon épouse: «L'as-tu reconnu?» «Bien sûr», répondit-elle, et elle se mit à rire. Par la suite, j'ai reçu quelques petits acomptes, dans une lettre sans adresse de retour, mais il ne m'a jamais payé entièrement, loin de là. Satan noir!

UNE CAUSE DE CHIEN

Il n'y a rien de plus drôle qu'une cause où il est question d'un chien. On l'a constaté cette fois à la Cour des sessions de la paix, alors que la propriétaire d'un chien était poursuivie en vertu d'un règlement municipal, parce que l'animal dérangeait les voisins en aboyant la nuit.

La femme était décidée à se défendre, ou plutôt à défendre son chien, son toutou adoré, avec la dernière énergie. Au lieu de répondre à la question qu'on lui posait, à savoir si elle se reconnaissait coupable ou si elle voulait plaider non coupable, elle se lançait dans une véritable scène de théâtre comique :

— Si c'est pas épouvantable, monsieur le juge, on fait de la peine à ce pauvre petit chien qui ne fait de mal à personne ; il est si fin, si intelligent, si affectueux ! Il parle pas, pi c'est toute ; c'est les voisins qui ont fait une plainte, ils sont jaloux, monsieur le juge. Ah ! je pourrais en dire long sur leur compte, par exemple, le voisin de gauche ferait mieux de surveiller sa fille qui...

— Madame, interrompit le juge, plaidez-vous coupable ou non coupable ?

Mais la femme ne s'arrêtait pas :

— À part de ça, monsieur le juge, la police devrait s'occuper plutôt des voyous et des bandits, au lieu de perdre son temps à des niaiseries... En tout cas, là, j'ai acheté un remède d'un vendeur, et il ne jappera plus, j'ai un certificat pour ça, et...

Éclats de rire dans la salle.

— Madame, interjeta de nouveau le juge, nous ne ferons pas le procès de votre chien, ou plutôt le vôtre, aujourd'hui ; si vous plaidez non coupable, vous devrez revenir un peu plus tard pour votre procès, et vous pourrez produire des témoins si vous le désirez.

— Je ne suis pas coupable, mais je ne veux pas revenir pour mon procès. Y a-t-il une amende si je règle ça tout de suite ?

— Oui, il y a une amende, mais elle est minime.

— Alors je plaide coupable, mais c'est bien de valeur de voir qu'on veut persécuter mon petit chien.

— Dix dollars d'amende, et dites à votre chien de se tenir tranquille.

LE VIOL D'UNE JEUNE VACHE DOUCE

La jeune vache était seule dans son clos. Pour sûr, elle était bien, et son propriétaire qui la nourrissait abondamment, la voyait profiter à vue d'oeil, se disant qu'elle rapporterait beaucoup de lait dans les prochains mois. Mais, comme la chèvre de monsieur Seguin, elle s'ennuyait bien un peu, surtout lorsqu'elle regardait dans le champ voisin. En fait, ce n'était pas un loup qui la menaçait, mais un gentil boeuf qui lorgnait de son côté, avec ses yeux ronds de convoitise.

Or ce qui devait arriver arriva: la vache devint enceinte. En voyant cela, le fermier se fâcha, car ce n'était pas un veau qu'il voulait, mais du lait pour vendre à la laiterie du village. Il se précipita chez son voisin, accusant le boeuf de cette agression inopinée aussi bien que malencontreuse. Une vraie vacherie, quoi!

Pauvre boeuf! Il ne pouvait connaître l'article 1055 du Code civil, qui se lit comme suit: « Le propriétaire d'un animal est responsable du dommage que l'animal a causé, soit qu'il fût sous sa garde ou sous celle de ses domestiques, soit qu'il fût égaré ou échappé. »

Toujours est-il que le voisin nia toute responsabilité dans cette affaire, alléguant que son boeuf était parfaitement innocent du forfait qu'on lui imputait, puisque son animal s'était brisé l'instrument nécessaire à la reproduction sur la broche piquante de la clôture séparant les deux champs. En conséquence, il n'aurait pu accomplir l'exploit qu'on lui reprochait. De plus, il accusait le propriétaire de la vache d'avoir frappé son boeuf à coups de bâton à cet endroit sensible.

Comme bien l'on pense, l'affaire se transporta devant la Cour. À titre de procureur du propriétaire du boeuf, je consultai un vétérinaire et je le fis venir comme témoin. Celui-ci exprima l'opinion que le boeuf, ayant perdu ses moyens sur la clôture, ne pouvait avoir mis la vache enceinte. Mais le propriétaire de la vache rétorqua que ledit boeuf avait pu subir cet accident ailleurs ou en retournant dans son champ. Inutile de dire que ce dernier argument, pour des raisons anatomiques et physiologiques, ne paraissait pas très convaincant.

Quoi qu'il en soit, j'espérais un jugement favorable, mais je fus désappointé car l'action fut maintenue, avec dépens. Selon ce jugement, qui n'était guère motivé, et qui ne contenait que peu de détails, il fallait conclure que le boeuf, seul de son espèce dans les alentours, était, aux yeux du juge, le seul auteur du méfait.

Cette cause fut plaidée avec tout le sérieux habituel dans la Cour, mais, à un certain moment, un fou rire s'empara du juge, des avocats et de toute l'assistance. Il y avait de quoi.

LA PERRUQUE

Un ouvrier mineur en avait assez d'être chauve. Conseillé par un ami, il se fit donc faire un toupet artificiel, si gros qu'il avait plutôt l'air d'une perruque complète. Après avoir pris les mesures et essayé l'objet sur la tête de l'acheteur, en présence de l'épouse, le vendeur s'assura qu'il faisait bien, et il le livra en toute confiance.

Le lendemain, affublé de son magnifique toupet, qu'il portait comme un trophée, le mineur se rendit à son travail. Il s'avance, tout fier, vers la porte où se trouvaient réunis une dizaine de ses camarades. Mais au lieu de recevoir des compliments sur sa perruque qu'il semblait porter précieusement, un formidable éclat de rire l'accueillit. Immédiatement, fusèrent les exclamations, les taquineries, puis les moqueries. En y pensant bien aujourd'hui, je me rappelle mon temps de collège, où tout changement brusque dans la coiffure d'un étudiant provoquait des rires incompressibles, surtout à l'étude.

Le pauvre homme était surpris, confondu, atterré. D'un geste brusque, rageur, il fourra sa perruque dans sa boîte à lunch et s'éloigna en ronchonnant. Il était profondément humilié. Absalon ne fut pas plus décontenancé quand sa longue chevelure s'accrocha aux branches d'un arbre.

Le jour suivant, il voulut faire annuler la vente, alléguant que sa femme avait découvert une bosse disgracieuse et un «motton» de poil dans la perruque. Le vendeur lui ayant opposé un refus formel, cette affaire prit le chemin de mon bureau, puis celui de la Cour. Or, le juge étant également chauve ne manqua pas de rire un peu de la situation. Cependant, redevenant sérieux, comme il se devait, il examina attentivement l'objet du litige, entendit les témoignages et les plaidoiries et rendit un jugement déclarant la vente bonne et valide. Ainsi, le malheureux acheteur dut payer jusqu'au dernier poil, avec intérêts et dépens.

On dit que le juge devint ensuite un client du vendeur de perruques, mais je n'en suis pas sûr.

UN VISITEUR INATTENDU

Cet après-midi-là, je me trouvais au bureau avec deux secrétaires, à travailler tranquillement quand nous entendîmes un bruit insolite. Soudain, un homme entra en coup de vent, criant des paroles incohérentes. Je crus comprendre les mots « hôpital ... médecin... ôtez-vous... laissez-moi passer.» Il s'empara d'une secrétaire, la fit tournoyer en l'air comme un fétu de paille, repoussa l'autre violemment et se dirigea vers moi, menaçant, les poings en l'air et les yeux hagards. Je me levai et lui criai : «Un instant, là, monsieur.» Je m'avançai à sa rencontre et levai mon poing, comme pour lui donner ce qu'on appelle un «jab» à la boxe. Je continuais : «Voyons, calmez-vous, voyons, qu'est-ce que vous voulez?» Et, pendant que je criais à ma secrétaire, qui tremblait comme une feuille, d'appeler la police, je poussai lentement, mais fermement, l'homme vers le corridor et la sortie. Il commença à se tranquilliser, et la police vint le cueillir.

Que s'était-il passé?

C'était un malade qui avait eu une piqûre dans un bureau de médecin, voisin du nôtre, et qui avait subi une réaction violente et imprévue à la pénicilline.

UN MAGICIEN DISPARAÎT

Pour augmenter ses fonds, le cercle Lacordaire d'une petite paroisse, en collaboration étroite avec le curé, avait décidé d'organiser une grande soirée. Or, en cette période-là, un magicien réputé, le Grand G..., faisait beaucoup parler de lui. On décida donc de le faire venir pour une représentation à la salle paroissiale. Un contrat fut signé, le prix payé d'avance, la date fut fixée au 12 septembre, et les deux principales dirigeantes du cercle répandirent la bonne nouvelle dans l'enthousiasme. On allait bien s'amuser tout en accumulant un peu d'argent pour cette association vouée à la promotion de l'abstinence totale. À deux reprises, et particulièrement ce dimanche-là, le bon curé, en chaire, invita avec insistance tous ses paroissiens à cete grande soirée qui promettait d'être très divertissante, d'autant plus que c'était la première fois qu'un tel spectacle avait lieu à la salle paroissiale.

De bonne heure dans la soirée, la salle était remplie. Mais à l'heure annoncée, le Grand G... brillait par son absence. Huit heures, huit heures et demie, neuf heures, et le fameux magicien n'était toujours pas là. Désolé, le curé téléphona pour savoir si l'artiste était en route, mais il n'obtint aucune réponse à son domicile. Dans la salle, on était fort désappointé, mais un loustic fit remarquer que le magicien s'était fait disparaître lui-même.

Comme bien l'on pense, je fus chargé de retrouver le prestidigitateur et de lui faire rembourser l'argent qu'il avait reçu lors de la signature du contrat. Après les procédures judiciaires, le Grand G... fut condamné par la Cour à remettre l'argent, plus les dommages occasionnés par son défaut. L'exécution du jugement suivit.

Méfiez-vous des magiciens, ils peuvent vous jouer de vilains tours!

PAUVRE VIEILLE!

Édentée, souvent habillée de noir, une vieille femme venait à mon bureau régulièrement. Elle se plaignait de subir les moqueries, les insultes et même les méfaits des adolescents des familles voisines. On l'appelait sorcière, on faisait un vacarme près de sa maison le soir, pour l'empêcher de dormir, on lui cassait des vitres, et on allait même jusqu'à menacer de mettre le feu à sa maison si elle ne partait pas avec ses guenilles. On sait l'ardeur que mettent certains groupes de jeunes gens quand ils prennent plaisir à accabler un souffre-douleur sans défense. On l'a bien vu sous la plume de Louis Fréchette, dans son livre *Originaux et détraqués*.

Dans ces circonstances-là, la police, souvent appelée, s'avouait impuissante. Mais que pouvait faire un avocat? Eh bien! quand je réussissais à attraper un ou deux noms, j'écrivais aux parents des adolescents, je conférais avec la police, ou encore je prenais le téléphone pour avertir les présumés agresseurs, mais le succès restait mitigé.

À chaque visite de cette cliente, je ne lui demandais rien, ou peut-être un dollar ou deux, pour ne pas trop montrer que je la prenais en pitié. Cependant, à sa vingtième visite, malgré ma bonne volonté, je commençais à la trouver importune.

Un jour que j'étais absent du bureau, l'un de mes associés la reçut, il eut une bonne entrevue avec elle, adressa une nouvelle lettre aux présumés agresseurs, et il lui demanda la somme de 10 $ pour ses services professionnels.

Elle ne revint jamais, et je n'ai jamais su si ses ennuis se sont terminés là.

UNE FEMME NERVEUSE

Tout excitée, nerveuse, la jeune femme, fort jolie, entre en coup de vent dans mon bureau.

— Monsieur l'avocat, dit-elle, je veux poursuivre mon mari. Regardez, il m'a battue.

Et elle me montra l'oeil au beurre noir que j'avais déjà remarqué. Puis, elle releva sa manche pour me faire voir des ecchymoses au bras. Sans attendre mes impressions, elle releva sa robe pour me montrer une cuisse couverte de bleus. Elle continua :

— Ce n'est pas tout! Je vais vous montrer encore autre chose.

Comme elle s'apprêtait à se dévêtir davantage, je l'interrompis un peu brusquement.

— J'en ai assez vu, lui dis-je, je crois que vous avez une bonne cause. Réfléchissez pendant deux ou trois jours, revenez me voir, et je préparerai les procédures appropriées.

Cependant, elle ne revint pas, et je me rendis compte par la suite qu'elle était un peu folichonne. Son aventure de femme battue, elle l'avait peut-être provoquée, d'ailleurs. Quelques jours plus tard, elle m'appelait pour me dire de ne rien faire, ses blessures superficielles étaient guéries et tout allait très bien avec son mari.

*
* *
*

Une autre m'exposa son problème. Avant de partir, elle me dit :

— Écoutez, Me Marchand, je n'ai pas d'argent à vous donner aujourd'hui, mais quand tout sera fini, je vais vous payer d'une autre manière. Je vous le promets.

— Nous verrons ça plus tard, lui répondis-je.

L'affaire n'eut pas de suite.

LA VÉRITÉ, TOUTE LA VÉRITÉ

Dans une cause de vente d'immeuble, qui se passait à Arthabaska, un témoin, soupçonné de ne pas dire la vérité, s'exclama soudain : «Monsieur le juge, j'ai juré sur l'Évangile de dire la vérité ; je hais le mensonge, je suis catholique et je n'oserais jamais faire une chose aussi abominable que de me parjurer.»

À ce moment, son avocat esquissa un sourire à peine perceptible ; mais le juge, c'était évident, buvait ses paroles et le considérait comme l'un des témoins les plus honnêtes qui soient passés devant lui.

Après le procès, mon confrère me prit à part et me dit : «Cet homme-là, tu sais, c'est mon client, et je dois faire mon devoir, mais je vais te dire une chose : c'est le plus grand menteur que j'aie connu.»

DIFFAMATION ET LIBELLE DIFFAMATOIRE

Contrairement à plusieurs avocats de notre région, je ne détestais pas prendre des procédures judiciaires pour atteinte à la réputation, quand les circonstances paraissaient le justifier. J'ai toujours pensé qu'une personne injustement attaquée dans son honneur doit se défendre, si l'on ne veut pas que la société dans laquelle nous vivons ne devienne une jungle. Ainsi, plusieurs personnes qu'on avait insultées en les traitant de « voleur, malhonnête » ou autres épithètes de ce genre m'ont confié le mandat de défendre leur réputation.

Dans certains cas, l'offensé a plutôt intérêt à ne pas ébruiter l'incident, mais il peut y avoir exception, surtout quand l'affaire prend des proportions inquiétantes, ou lorsque la rumeur s'amplifiant, il y a danger qu'une calomnie s'accrédite comme étant une triste vérité. Les paroles ne s'envolent pas toujours, et les écrits restent. On connaît l'histoire du *Barbier de Séville*. Voici quelques exemples de procès de ce genre.

*
* *
*

Un homme d'une trentaine d'années me paraissait avoir de bons motifs pour poursuivre un compagnon de travail qui l'avait appelé « voleur » devant plusieurs autres personnes. J'intentai donc pour lui une action de 400 $ en dommages-intérêts, ce qui était assez considérable pour l'époque, surtout si l'on tient compte du fait que les juges n'ont jamais été enclins à accorder de fortes sommes à la victime, pour ne pas encourager les gens à s'engager dans de tels litiges.

Or, dans la déclaration accompagnant le bref, il fallait dire que le demandeur jouissait auparavant d'une bonne réputation que le défendeur lui avait fait perdre en l'appelant voleur. Dans sa défense, le procureur du défendeur nia ce paragraphe concernant la réputation du demandeur, mais je n'y portai pas trop attention, car il est très fréquent pour un défendeur de nier la plupart des paragraphes de la déclaration.

À la Cour, il fut assez facile de prouver que le défendeur avait accusé mon client d'être un voleur, et cela en public. L'affaire était déjà en bonne voie. Cependant, le procureur du défendeur entreprit de contre-interroger le demandeur : « Monsieur ..., n'avez-vous pas déjà été accusé de vol de chaudières d'eau d'érable dans une ferme non loin de chez vous ? »

Surpris, j'attendais une réponse négative, car mon client ne m'avait pas parlé de ça, mais il répondit oui. Je me disais qu'il n'avait peut-être pas été condamné, mais à une deuxième question, il admit avoir été condamné et avoir fait plusieurs semaines de prison. Puis, à mon grand désappointement, il répondit par deux fois qu'il avait reçu des condamnations pour d'autres petits vols dans les environs.

Que ferait le juge dans de telles circonstances ? J'étais perplexe. « Vingt-cinq dollars plus les frais, prononça le juge. On n'a pas le droit d'accuser une personne de voleur, même si cela est vrai. Toute personne a le droit de se reprendre et de réparer ses erreurs, sans être exposée à la méchanceté des autres. »

Cette cause m'a servi d'expérience.

*
* *
*

Deux femmes assez jeunes parlaient haut et fort dans l'anti-chambre de mon bureau. « Elle m'a insultée, la vache, disait l'une, et je vais lui faire payer ça cher, tu vas voir. » « Oui, approuvait l'autre, laisse-toi pas faire, y a toujours un boutte pour se laisser baver. Envoye fort. »

Entrée dans mon bureau, la première, tout excitée, se précipita presque sur moi.

— Monsieur l'avocat, dit-elle, la voisine m'a insultée, et c'est grave, je veux lui faire payer au moins 1 000 $ pour ce qu'elle m'a dit devant mon amie ici présente et deux autres voisines, et...

— Bien, interrompis-je, qu'est-ce qu'elle vous a dit, la femme ? Vous a-t-elle blessée dans votre honneur ?

— Oui certain, monsieur l'avocat.

— Eh bien ! quels sont les termes qu'elle a employés ?

— Elle m'a traitée de « grosse écartillée », monsieur l'avocat... Si c'est pas effrayant, se faire dire des choses de même. Cette histoire s'est répandue et y en a qui rient de moi astheure, et l'on dit que ça vaut de l'argent une insulte de même.

— Bien, madame, je ne sais pas si vous devriez poursuivre dans un cas comme celui-là. Vous savez, les juges ne sont pas trop enclins à accorder de gros montants en dommages-intérêts pour des insultes. Ils tiennent compte du fait que des mots comme ça peuvent avoir échappé lors d'une discussion ou d'une chicane de peu d'importance en réalité. De plus, si nous allons en Cour pour un motif comme celui-ci, nous n'aurions peut-être par le beau rôle, et le juge ne serait peut-être pas porté, sinon à rire, du moins à prendre cette affaire à la légère. Vous ne voudriez tout de même pas prendre des procédures judiciaires qui vous rapporteraient une somme de 10 $ ou de 25 $, plus les frais d'une action de ce montant. Dans un tel cas, vous auriez à me payer des frais qui dépasseraient de beaucoup la somme que vous pourriez obtenir de la défenderesse.

Surprise et décontenancée, la femme mit un certain temps pour reprendre son calme. Elle finit par comprendre qu'il valait mieux rester tranquille et ne pas ébruiter cet incident davantage.

CROCHE OU VOLEUR?

Dans une action civile au montant de 400 $, le défendeur était poursuivi pour diffamation. Le demandeur lui reprochait de l'avoir traité de voleur devant un grand nombre de personnes, lors d'une assemblée des commissaires d'écoles d'une petite municipalité.

Mon client, pour sa défense, affirmait qu'il n'avait jamais proféré de telles paroles à l'égard de cet adversaire politique, même dans la chaleur de la discussion. Comme j'étais un peu sceptique concernant ses affirmations, je lui demandai de m'amener des témoins, et trois d'entre eux, lors d'une entrevue à mon bureau, se déclarèrent prêts à témoigner, sous serment, que le mot «voleur» n'avait jamais été proféré par le défendeur.

À la Cour, la salle était remplie de citoyens de cette municipalité, qui se partageaient en deux groupes. Après la preuve assez convaincante de la demande, j'interrogeai le défendeur sur ce qui s'était passé lors de l'assemblée en question. Il jura à plusieurs reprises, et avec véhémence, qu'il n'avait jamais appelé le demandeur «Christ de voleur». Son témoignage, après celui de ses témoins qui avaient juré de la même façon et paraissaient tout aussi forts, me donnait confiance sur l'issue de ce procès. Mais alors que je m'apprêtais à terminer son interrogatoire, mon client ajouta sans être questionné: «Ce n'est pas ça que j'ai dit, ce n'est pas 'Christ de voleur', c'est 'Christ de croche'.»

Alors, tout le monde s'esclaffa, y compris le juge et mon adversaire se pencha vers moi en disant: «Tu viens de perdre ta cause.» Rageur, je répondis: «Je le sais bien, batêche!»

Et le juge condamna l'insulteur à 100 $ en dommages-intérêts, plus les frais de l'action comme intentée.

POUR RIRE

À l'ouverture de la Cour de sessions de la paix, le greffier annonce : « La Reine vs Le Roi de la patate. »

*
* *
*

L'avocat au téléphone :
— Mon cher client, le jugement vient de sortir dans votre cause.
— Eh bien ! quel est le résultat ?
— La justice a triomphé.
— Bon, alors, inscrivez ma cause en appel.

*
* *
*

Dans une cause en séparation, je questionnais l'épouse demanderesse :
— Madame, que reprochez-vous à votre mari ? Vous devez avoir des raisons pour demander la séparation.
— Eh bien ! je vais vous dire, mon mari avait des *scorpions*, et moi, je ne pouvais pas endurer ça.

*
* *
*

Aux États-Unis, on demande au condamné à mort :
— Vous n'avez pas peur de faire face à la chaise électrique ?
— Ah ! ce n'est pas d'y faire face que j'ai peur, c'est de m'asseoir dessus !

*
* *
*

Un avocat plaidait une cause d'ordre technique. C'était très ennuyeux. Il parlait très longtemps et se répétait souvent. À un moment donné, le juge s'étant mis à bâiller, l'avocat risqua une observation :
— J'espère, votre Seigneurie, que je ne prends pas trop le temps de la Cour.

— Maître, répondit le juge, non seulement vous prenez indûment le temps de la Cour, mais vous empiétez sur l'éternité.

*

* *

*

— Votre Seigneurie, s'écria l'avocat, mon client est coupable, il faut l'avouer, mais je demande l'indulgence, c'est dans un moment de faiblesse qu'il a volé le grand piano à queue.

— Bon Dieu, dit le juge, je me demande ce qu'il aurait fait s'il s'était senti plus fort !

*

* *

*

L'un des deux avocats avait traité son confrère de sale individu et l'autre venait de lui répondre en accusant le premier d'être un tricheur et un menteur.

— Allons, dit le juge, maintenant que vous vous êtes identifiés, procédons avec la cause.

*

* *

*

L'avocat au témoin :

— Monsieur, je dois vous avertir que vous vous exposez à une accusation de parjure. Il y a quelques instants, vous avez déclaré que vous aviez seulement un frère, mais votre sœur a dit, lorsqu'elle a été entendue, également sous serment, qu'elle en a deux... Maintenant, dites la vérité.

CAUSES ET CAS PATHÉTIQUES

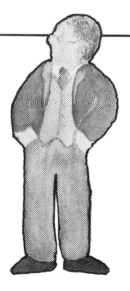

UN JUGEMENT ÉMOUVANT

Dans les premières années de l'exercice de ma profession, j'ai eu une cause très difficile, mais extrêmement intéressante.

Un homme d'environ 60 ans, accompagné de l'un de ses fils, vint me trouver au bureau. Il s'était évadé de l'hôpital psychiatrique Saint-Michel-Archange, près de Québec, et il s'était réfugié dans un moulin à scie des environs de Thetford Mines, où il travaillait pour sa nourriture et son habillement. Il ne pouvait demander un salaire, car il ne jouissait pas de ses droits, ayant été interdit lors de son internement dans ledit hôpital.

Le pauvre homme me raconta qu'il avait déjà tenté, en vain, de se faire relever d'interdiction, mais que l'avocat auquel il s'était adressé n'avait pas réussi. Il me paraissait très malheureux, abattu et découragé. En son absence, un parent avait pris la direction de sa grosse ferme, après s'être fait nommer curateur à la personne et aux biens; et ses enfants étaient divisés sur la question du retour de leur père. Mentionnons ici que celui-ci avait eu 18 enfants et que, lors du décès de son épouse à la naissance du dernier, il avait fait une crise, accusant son curé et le médecin de la mort de sa femme. Il avait littéralement perdu l'esprit.

Je décidai de prendre cette cause, car l'homme me paraissait sympathique; il me semblait avoir repris l'usage de ses facultés, et cette malheureuse situation dans laquelle il se trouvait m'appelait comme un défi que j'aurais eu honte de refuser. Le devoir de l'avocat n'est-il pas de venir en aide aux malheureux?

J'entrepris donc de préparer, sans avance d'argent, une requête en relevé d'interdiction. Cependant, je me rendis bien vite compte que la difficulté était de trouver un médecin qui pourrait affirmer sous serment, devant le juge, que mon client était maintenant sain d'esprit et qu'il pouvait reprendre l'exercice de ses droits.

À Saint-Michel-Archange, le surintendant me reçut froidement et me laissa clairement entendre qu'il combattrait, de son témoignage devant la cour, une telle demande de la part de ce patient évadé. D'autre part, à Québec, un psychiatre renommé refusa de s'engager, dès qu'il apprit qu'il devrait probablement témoigner contre le surintendant de Saint-Michel-Archange.

Nous avons alors décidé de tenter notre chance à Montréal, et le futur requérant, son fils et moi-même fîmes le voyage dans mon automobile. Mais, après une longue attente, malgré l'heure du rendez-vous, un psychiatre connu nous opposa le même refus, ce qui a failli nous décourager.

Cependant, après une assemblée de presque tous les enfants du père de famille, nous décidâmes de présenter notre demande à la Cour supérieure, sans l'appui d'un médecin. À la cour, j'étais nerveux et je craignais de me faire rabrouer par un juge qui me reprocherait d'avoir présenté une demande impossible. Aussi, je demandai à un confrère expérimenté de bien vouloir s'asseoir à côté de moi pour m'assister au besoin, mais il refusa carrément et ajouta que ma demande serait rejetée sur-le-champ ; il ne voulait pas faire rire de lui. Néanmoins, ce n'était plus le temps de reculer.

La salle d'audience était remplie, et toute la famille des 18 enfants, avec leurs conjoints, des oncles et des tantes, des frères et des soeurs, et même des enfants, étaient là. Le moment était solennel lorsque le juge de la Cour supérieure fit son entrée. Quant au curateur, il paraissait déterminé à repousser notre demande. Il était flanqué de son avocat, avec lequel j'avais déjà croisé le fer.

Dès le début, ma position me parut extrêmement faible, et j'avais la sensation qu'un vide s'ouvrait devant moi. En effet, je n'avais de témoins que le requérant et le fils qui était allé le voir à quelques reprises et qui l'avait accompagné à mon bureau.

Toutefois, dès mes premières paroles, le juge me parut sympathique, et je continuai avec plus d'assurance, sinon avec confiance, à exposer la demande de mon client.

Mon confrère appela comme témoin le médecin surintendant de Saint-Michel-Archange, dont je redoutais le témoignage. Si ma mémoire est bonne, il avait obtenu du juge la permission de se faire entendre le premier. Eh bien ! mes craintes étaient fondées car, comme prévu, il déclara s'opposer à la libération du requérant qui, à mon avis, pouvait redevenir dangereux même si, à ce moment-là, il paraissait rétabli de cette affection nerveuse dont il avait manifesté des signes lors de son internement et de son interdiction.

C'est alors que mon adversaire exprima l'opinion qu'il n'avait même pas besoin de poursuivre, puisque ce médecin spécialiste s'était prononcé contre l'octroi de notre requête.

Mais l'honorable juge interjeta immédiatement que c'était à lui qu'incombait le devoir de décider du sort de cette cause, et non à un témoin, fût-il un spécialiste renommé, même s'il en appréciait la compétence et la disponibilité à aider la justice.

À ce moment, mon confrère décida de continuer en interrogeant le requérant d'une façon quelque peu ironique qui sembla agressive dans les circonstances. Il posa des questions destinées à embarrasser mon client en le replongeant dans le passé et dans les conditions qui avaient entouré et motivé son hospitalisation. Je m'empressai de faire objection à cette manière de procéder et, à ma grande surprise, le juge m'appuya et déclara que nous n'étions pas là pour embêter ce malheureux, mais pour l'aider s'il y avait une possibilité. Puis, il décida de poser des questions lui-même et il demanda au requérant de lui faire quelques chiffres, additions et multiplications. Il lui parla d'agriculture, d'industrie laitière, etc., le tout sur un ton simple, familier et sympathique. Les réponses étaient claires; l'atmosphère se chargeait d'émotion. L'homme voulait reprendre sa liberté et revoir sa famille. Derrière moi, dans la salle, je sentais l'auditoire retenir son souffle.

L'honorable juge se déclara alors prêt à rendre son jugement sur le banc. Il déplora la tragédie qui s'était produite dans cette belle famille, fit allusion aux efforts des enfants de ce père travailleur et courageux pour le faire revenir parmi eux et il déclara que ce drame était maintenant chose du passé. Prenant un ton plus solennel, il ajouta: «En vertu des pouvoirs qui me sont conférés par la loi, je déclare le requérant relevé de l'interdiction qui pesait sur lui, je lui accorde de nouveau la plénitude de ses droits et je le rends à sa famille pour lui permettre de jouir de nombreuses années de bonheur avec les siens. Je suis sûr qu'il sera bien accueilli par tous ses parents et ses amis.» À ce moment, la salle d'audience éclata en applaudissements. Plusieurs pleuraient en embrassant le père. On vint me féliciter chaleureusement. Mais je suis certain que la reconnaissance de toute la famille allait bien plus au juge compétent qui avait eu le courage d'assumer sa responsabilité...

LES HOMOSEXUELS

Il y a quelques années, j'ai eu l'occasion de défendre un jeune garçon qui faisait partie d'un groupe de voyous. Leur spécialité était de pratiquer le chantage auprès des homosexuels plus fortunés et plus âgés. Sous la direction d'un meneur de jeu, ils organisaient des rencontres clandestines et, par la suite, ils exerçaient un chantage soutenu et systématique. On disait que l'un des principaux membres de ce goupe pouvait se vanter, à la taverne de l'hôtel, de pouvoir aller chercher chez une victime une somme de mille dollars et même plus, dans l'espace de quelques minutes.

Un jour, je fus appelé à représenter l'un des plus jeunes adeptes de ce genre de crime ; il avait à peine 18 ans et appartenait à une famille plutôt pauvre. Il m'appelait de la prison de Sherbrooke, où il avait été écroué, pour me demander de trouver un moyen de le faire sortir sous caution. Il suggérait que je communique avec son père qui pourrait signer pour son élargissement en attendant son procès. Il devait être accusé de voies de fait, de tentative d'extorsion et de méfait.

Je me rendis donc chez le père du jeune homme, car je ne voulais pas discuter de cette affaire au téléphone. Comme le fils l'avait prévu, le père ne voulut d'abord rien entendre. Il avait eu connaissance de certaines frasques de cet enfant difficile, et il refusait de l'aider de quelque façon que ce soit, prétendant que toute tentative de le réhabiliter serait vouée à l'échec. Face à ce refus, j'employai tous les moyens de persuasion, parlant de responsabilité, de devoir, d'unité familiale, etc. Ce n'était pas le temps d'abandonner son fils dans le malheur. Tant et si bien que je finis par le convaincre. Le lendemain, nous partions, le père et moi, pour le palais de justice de Sherbrooke.

Sur mon exigence, le fils me raconta tout ce qui s'était passé. Avec deux compagnons, il s'était rendu voir un homosexuel d'une cinquantaine d'années, qui vivait seul dans sa maison près de Sherbrooke. Le but était de lui extorquer une bonne somme d'argent, sous la menace de mauvais traitements ou de dénonciation à la justice pour ses crimes passés. Devant leur attitude déterminée, l'homme ne céda pas à leur demande et il leur opposa un refus catégorique. Ayant déjà été leur victime, il n'avait plus d'argent à leur donner. Alors, les garçons entrèrent dans une violente fureur. L'un d'eux cria :

— Ah! tu ne veux pas payer, hein? Eh bien! tu vas payer d'une autre façon.

Ajoutant le geste à la parole, il alla chercher une hache et d'autres instruments au hangar ; ensemble, ils cassèrent tout dans la maison : les vitres, les meubles, frappant à coups de hache le piano, les murs, les marches de l'escalier, les lustres, les lits, en un mot, ils brisèrent tout ce qui leur tombait sous la main. Pendant ce temps, l'homme pleurait, tremblait de tout son corps et se lamentait en implorant pitié. Par la suite, mon client avait été arrêté dans un hôtel des environs.

Selon l'avocat du plaignant, les dommages causés à la maison s'élevaient à au moins 7 000 $, mais il était absolument illusoire de réclamer ce montant du jeune homme. Cependant, après des pourparlers très longs, le père consentit à verser à la victime un dédommagement de 700 $.

Devant la cour, il n'était pas question de plaider autrement que coupable, mais je déployai toutes mes ressources pour obtenir une sentence suspendue. Ce qui m'a aidé, c'est la révélation du fait que le jeune homme était au fond la véritable victime, car le propriétaire de la maison était celui-là même qui l'avait initié au vice alors qu'il était jeune adolescent.

Le juge écouta mes représentations émues, la douleur profonde d'un père et la promesse solennelle du jeune homme de ne plus recommencer. La sentence suspendue fut accordée.

En revenant avec le père et le fils, je conseillai au jeune homme de changer de milieu pour éviter de retomber entre les mains du groupe de voyous malfaisants qu'il avait fréquentés.

Environ trois ans plus tard, je reçus une lettre. Le jeune garçon s'était établi en Alberta et il avait un très bon emploi chez un gros éleveur de chevaux. Il s'était marié et il était heureux. Le changement d'air et le travail l'avaient sauvé. C'était un beau cas de réhabilitation...

UNE VENTE MANQUÉE

Il semble bien que, de nos jours, il y ait moins de ventes en justice, par huissier, ce qui me paraît être le résultat d'une amélioration des conditions de vie chez nous. En ce qui me concerne, j'ai toujours été peiné du malheur des débiteurs en mauvaise posture; mais d'un autre côté, je me suis toujours senti obligé de faire respecter la loi et la justice. Après avoir donné toutes les chances au débiteur, mon devoir était de faire passer les intérêts de mes clients créanciers avant toute autre considération.

Une pauvre veuve, laissée avec quelques enfants par un mari qui n'était pas un modèle de vertu ni d'économie, ne payait pas son loyer. Elle ne le pouvait guère, mais elle n'y mettait pas non plus de bonne volonté. Elle disait toujours que son titre de tutrice, dont elle ne comprenait pas le sens, la protégeait contre ses créanciers. En fait, il n'y avait pas d'argent dans la succession. Le propriétaire, qui n'était guère plus riche, s'impatientait, car il avait besoin des paiements de ce loyer. Il me confia donc sa réclamation pour plusieurs mois de retard. Ayant obtenu jugement, j'avertis la défenderesse qu'il fallait payer et quitter les lieux. Elle fit la sourde oreille.

Alors, sur les instructions formelles du demandeur, je fus obligé de recourir à la saisie, à la vente des biens de la défenderesse et à son expulsion de la maison du propriétaire.

Quelques jours plus tard, l'huissier se présenta au domicile de la veuve pour l'expulser, faute de paiement, ainsi que ses enfants, et pour mettre ses meubles sur le carreau, selon les termes du Code de procédure civile.

Cependant, les voisins, ayant été alertés, commencèrent à à se rassembler pour manifester leur opposition, et bientôt la foule grossit au point d'envahir la maison, le parterre et même la rue. La femme pleurait, les enfants criaient, la police cherchait à prévenir l'émeute, et le pauvre huissier essayait, avec un aide, de convaincre tout le monde qu'il ne faisait que son devoir. À travers tout ce bruit, on entendait les cris de la femme : « Je suis la tutrice, vous ne pouvez rien me faire. » Finalement, le fidèle auxiliaire de la justice, huissier de la Cour supérieure, m'appela pour me mettre au courant de cette situation qui devenait tragique. Vu les événements, je lui demandai de surseoir jusqu'à nouvel ordre à l'exécution de son mandat, ce qu'il fit sans délai, mettant fin au danger de désordre plus sérieux.

Dans les jours qui suivirent, les autorités de la ville, en collaboration avec une institution charitable, trouvèrent un autre logis pour notre veuve et ses enfants. De son côté, le propriétaire abandonna sa réclamation pour le passé, et le problème fut réglé.

Mais je me suis demandé, particulièrement à cette occasion, pourquoi le propriétaire serait obligé de faire seul la charité à un locataire incapable de le payer et pourquoi il est si difficile, dans un tel cas, d'obtenir de l'aide pour un locataire malheureux.

UNE TENTATIVE DE MEURTRE

Il devait être près d'une heure de l'après-midi, et je m'apprêtais à quitter le bureau quand le téléphone sonna. J'avais envie de ne pas répondre, mais je me ravisai. «Monsieur Marchand, commença mon interlocuteur, c'est L... qui parle.» «L... qui?» lui demandai-je. «C'est L... R..., vous ne me reconnaissez pas? Vous avez gagné une cause pour moi il y a trois ans, au sujet d'un moulin à coudre.» «Ah oui! je vous replace maintenant. Eh bien! que puis-je faire pour vous?» Alors, l'homme me dit qu'il était en prison pour avoir tiré sur une fille et qu'il voulait me voir tout de suite.

Sans hésiter un seul instant, je me rendis à la prison où une longue entrevue s'ensuivit. Voici l'histoire qu'il m'a racontée et qu'il a racontée plus tard à la cour.

Veuf depuis quelques mois, il vivait avec sa fille d'environ sept ans, mais il était malheureux. Ayant commencé à fréquenter une jeune femme de moeurs douteuses, il se sentait coupable car il voulait en même temps donner un bon exemple à sa fille, lui enseigner la religion et lui procurer une bonne éducation. Or, il s'aperçut bientôt que sa nouvelle amie partageait ses faveurs avec un autre homme. Vexé, il se mit à boire pour noyer sa peine, puis il perdit le sommeil et le goût du travail. Devenu férocement jaloux, il réclama de son amie qu'elle mît fin à ce partage de trois jours et trois nuits par semaine avec lui et de quatre jours et quatre nuits avec l'autre. Des discussions et des querelles s'ensuivirent, jusqu'au jour où il décida de tenter un grand coup.

Les deux rivaux étaient chasseurs et ils avaient plusieurs fusils. Le malheureux jaloux, après avoir passé une nuit affreuse à se tourmenter dans son logis, tronçonna l'un de ses fusils, le mit dans un grand sac et sortit pour se diriger d'un pas décidé vers la maison de la jeune femme. Celle-ci, craignant les menaces répétées de cet amant devenu dangereux, avait emprunté un fusil de son autre amant, et elle gardait cette arme à portée de la main.

Comme le fusil tronçonné dépassait de quelques pouces le sac de papier, la femme vit venir cet homme évidemment agité et en proie à une crise de jalousie, et elle se prépara à le recevoir.

Il monta l'escalier quatre à quatre, défonça la vitre de la porte d'entrée au deuxième étage, tourna la poignée par en-dedans et ouvrit la porte. Face à cette irruption soudaine, la femme tira pour atteindre l'homme près de l'épaule. Il tomba, mais il se releva à moitié et tira à son tour pour la manquer, alors qu'elle sautait par la fenêtre, se blessant à la colonne vertébrale. Réussissant à s'approcher de la fenêtre, il tira une seconde fois pour blesser la femme à la tête, alors qu'elle était étendue par terre. Un instant plus tard, il était arrêté et conduit à la prison.

À la fin de l'enquête préliminaire, L... R... retourna en prison pour y attendre son procès sous l'accusation de tentative de meurtre, devant juge et jurés, aux assises criminelles du printemps, à Québec.

En défense, je voulais d'abord plaider la maladie mentale temporaire. J'avais trouvé quelque jusrisprudence où l'on avait allégué en faveur de l'accusé l'automatisme ou l'insconscience temporaire causée par des excès. Mais un psychiatre très en vue me fit bientôt voir que mes connaissances en psychiatrie étaient plutôt limitées et que cette jurisprudence ne pouvait s'appliquer dans les circonstances. Il m'en dissuada et il refusa même de venir témoigner en faveur de mon client, n'eût été que pour expliquer son état d'esprit avant les événements tragiques.

Après réflexion, il fut convenu avec mon client que nous exposerions à la Cour toute la vérité et rien que la vérité. Inutile de dire qu'il était assez découragé et qu'il avait très peur, malgré la confiance qu'il me témoignait.

D'abord, il fallait faire rejeter par le juge certains aveux de nature à nuire considérablement à notre cause. Ce ne fut pas difficile, car cette déclaration de l'accusé avait été faite peu de temps après la blessure, dans une chambre d'hôpital gardée jour et nuit par la police qui l'avait fait parler.

Ensuite, je tentai de démontrer que l'homme avait agi en légitime défense, puisque ce n'était pas lui qui avait tiré le premier, mais le terrain n'était évidemment pas très solide.

Mon client, appelé à la barre après le témoignage accablant de la femme qu'il avait blessée, semblait résigné au sort qui l'attendait. Mais il fut très émouvant, voire même pathétique dans son langage simple et direct, empreint de tristesse. Il montra son désarroi à la mort de son épouse, le fardeau de la garde et de l'éducation de sa petite fille, puis le début et la poussée de sa passion peu exemplaire et coupable pour la femme qui devait être la cause de son malheur. Il se reprochait sa conduite et ses erreurs passées. Puis il déclara avec conviction qu'il était maintenant guéri physiquement et moralement. Il avait eu sa leçon et promettait de se réhabiliter rapidement et complètement, s'il avait une peine raisonnable à purger.

Devant l'inutilité de maintenir un plaidoyer de non-culpabilité, après cette déposition, je demandai aux jurés de réduire l'accusation, soit à celle de voies de fait simples, entraînant une sentence légère, soit à celle de voies de fait avec blessures corporelles, punissable par un maximum de cinq ans de pénitencier. Cependant, je me rendais bien compte qu'on n'accepterait jamais de condamner l'accusé pour voies de fait simples, à moins d'un accès imprévu de générosité de la part des jurés.

La charge du juge ne fut pas trop accablante, mais elle laissait quand même place à une grande inquiétude. J'en fis part à mon associé, Me Marc Bergeron, qui m'assistait. Alors, les jurés se retirèrent pour délibérer. Au bout de quelques instants, qui nous parurent des heures, ils revinrent pour demander au juge des explications additionnelles concernant les différents verdicts possibles, soit tentative de meurtre, voies de fait ayant causé des blessures corporelles ou encore voies de fait simples. C'était un bon signe. Le juge se prêta de bonne grâce à cette demande ; il fut très objectif, mais il parut sympathique et il sembla ouvrir la porte à un verdict moins grave que celui que l'accusation originale de tentative de meurtre aurait autorisé, c'est-à-dire l'emprisonnement à perpétuité.

Après une nouvelle absence qui, encore une fois, parut une éternité, les jurés revinrent pour mettre fin au suspense. Leur porte-parole déclara l'accusé coupable de voies de fait ayant causé des lésions corporelles.

On peut imaginer ma satisfaction et ma joie en apprenant que l'accusation de tentative de meurtre avait été rejetée. Mon client aussi était très content, car il s'attendait au pire. Il pleurait d'émotion et de joie.

Restait la sentence, autre sujet d'inquiétude, qui pouvait aller jusqu'à cinq ans de pénitencier. Le juge avait fixé à une semaine plus tard la date des représentations et du jugement sur ladite sentence.

Ce matin-là, la petite amie de ses deux amants se promenait dans les corridors du palais de justice en disant à qui voulait bien l'entendre que l'accusé en aurait pour dix ans de prison. De toute évidence, elle ignorait que le maximum de la peine était désormais de cinq ans. Avant l'ouverture de la Cour, le juge me fit entrer dans son bureau pour causer un peu. Il m'informa alors de la décision qu'il allait rendre. « Écoute, Robert, me dit-il sur un ton familier, cette affaire a été rapportée dans les journaux, et à cause de l'opinion publique, je ne puis faire mieux que de lui donner vingt-huit mois de pénitencier, en plus des sept mois qu'il a déjà passé en prison. » Je répondis que ce n'était pas le moment pour moi de plaider mais que j'espérais un adoucissement de cette sentence.

À l'ouverture de la Cour, j'exposai les malheurs de mon pauvre client, faisant remarquer qu'il avait lui-même été blessé, qu'il avait souffert avant et après la fusillade et qu'il avait eu une conduite exemplaire depuis ces événements, de l'aveu même du gouverneur de la prison. Il admettait sa faute et il la regrettait, mais on ferait mieux avec une sentence légère, pour l'aider à continuer sa réhabilitation, alors qu'une sentence plus sévère aurait pour effet de le décourager et d'en faire un fardeau pour la société. « Vous savez, votre Seigneurie, dis-je, l'homme est un apprenti, la douleur est son maître... » Alors le juge, manifestement intéressé, enchaîna : « ... et nul ne se connaît tant qu'il n'a pas souffert. » (Musset)

Puis le juge commença lentement, pesant le pour et le contre, et après avoir apprécié la situation, considéré les arguments des deux procureurs, qui lui paraissaient également convaincants, déclara qu'il condamnait l'accusé à quinze mois de prison. Mon client ne se tenait pas de joie et il me remercia avec effusion.

Peu de temps après, il vint me montrer une lettre qu'il écrivait à sa soeur : « ... tu dois être au courant de la sentence, j'ai eu quinze mois. Je trouve cela très bien, j'avais bien peur que ce soit autre chose ; ça va passer très vite, mes avocats vont s'occuper de moi pour me faire sortir sur libération conditionnelle pour les Fêtes, je vais sortir plus vite qu'on pense. Ici ils ont tous dit que j'avais de très bons avocats. C'est vrai aussi, j'avais bien confiance en eux, c'était très difficile pour eux de gagner cela, mais d'après le verdict des jurés et la sentence du juge, je considère cela comme une très belle victoire pour mes avocats et moi-même. Tu pourras le dire au monde qui t'en parle. »

Je n'ai guère entendu parler de lui par la suite, mais je crois qu'il s'est bien réhabilité.

UNE CAUSE D'INCESTE

Cette cause m'a fait réfléchir sur les misères de l'humanité et m'a laissé un goût amer.

Un père de famille était accusé d'inceste sur la personne de l'une de ses deux filles, âgée de onze ans. Il me confia sa cause. Il se disait innocent de ce crime et laissait entendre que son épouse pouvait avoir monté toute l'affaire.

La famille demeurait à la campagne. La mère était maladive et s'ennuyait à mourir, surtout quand elle ne pouvait travailler à la ville voisine. Après un certain temps de réclusion dans leur maison pauvre, froide et isolée, elle souffrait et pleurait. Quant au mari, il aurait été affectueux, mais il disait que son épouse ne lui prodiguait pas l'amour qu'il avait espéré recevoir d'elle. Quand il revenait de travailler de l'extérieur, il s'ennuyait lui aussi à la maison.

Contre cet homme il y avait plus. Trois accusations criminelles furent portées en même temps pour les offenses suivantes : attentat à la pudeur sur la plus jeune de ses deux filles, âgée de 8 ans, inceste avec celle de onze ans et voies de fait avec lésions corporelles sur la personne de son épouse. De plus, une action en séparation de corps lui fut signifiée. Il fut arrêté et conduit à la prison.

L'acte d'accusation concernant l'inceste se lisait comme suit : «M... est accusé: 1° d'avoir, à ..., district de Mégantic, au début de l'été 19..., eu des rapports sexuels avec sa fille C..., commettant un acte d'inceste, contrairement à l'article 142 du Code criminel du Canada; 2° d'avoir, à ..., district de Mégantic, au cours du mois de décembre 19... et dans le cours de l'hiver 19..., eu des rapports sexuels avec sa fille C..., commettant un acte d'inceste, contrairement à l'article 142 du Code criminel du Canada...»

Pour montrer combien la situation était grave, voici un extrait de l'examen préalable de l'épouse dans la cause de séparation. C'est le procureur de la Couronne qui pose les questions :

Q.– Vous parlez de voies de fait au paragraphe 6, vous dites à plusieurs reprises et depuis plusieurs années. Avez-vous des exemples, des incidents ou des dates à me donner?

R.– Des dates on peut toujours en donner comme ça, mais avoir des dates exactes, je ne peux pas.

Q.– À part de l'accusation que vous avez portée contre votre mari, qui est devant la Cour actuellement pour voies de fait, avez-vous d'autres occasions où votre mari se serait porté à des voies de fait contre vous?

R.– Oui.

Q.– À quelles occasions?

R.– ... Un dimanche avant-midi, ... il est allé chercher de la bière, il n'en avait pas assez, il est retourné en chercher. Quand il est revenu le soir, la chicane a pris. Il a voulu partir pour monter à Québec pour aller voir sa femme. Je ne voulais pas. Il a essayé de me passer sur le dos avec le char. Il n'a pas réussi...

Q.– Il ne vous a pas donné de coups cette fois-là?

R.– Il m'a prise par la jupe, il a essayé de m'étouffer en arrière de la maison. J'avais des marques à part ça... Il avait une main à la ceinture et l'autre à la gorge.

Q.– Comment vous êtes-vous dégagée de cela?

R.– Quand il a vu que j'en avais assez, il a arrêté. Après qu'il m'a ramassée d'à terre, il m'a donné trois coups sur la galerie.

Q.– Vous parlez d'une femme. Est-ce des choses que vous avez entendu dire?

R.– Il me l'a nommée bien des fois devant les enfants. Il disait sa belle Y...

À l'enquête préliminaire de l'accusé dans la cause d'attentat à la pudeur, j'ai trouvé bien triste de voir une petite fille de 8 ans accuser son père. Elle racontait à sa manière, avec beaucoup d'hésitation et de longs et douloureux silences, ce qui s'était passé. Il l'avait attirée dans le grand lit et une autre fois dans le bois. Pendant ce temps-là, j'essayais de voir si elle était sincère ou si sa mère lui avait appris ce qu'il fallait dire.

Sur la preuve de voir dire, où il s'agissait de déterminer si la déclaration faite et signée par l'accusé, et contenant des aveux, avait été faite librement et sans contrainte, menaces ou promesses, je marquai des points. En effet, je réussis à faire contredire l'un des agents de police qui lui avaient fait signer cette confession incriminante, d'une part avec lui-même et d'autre part avec son confrère, notamment à savoir si l'accusé avait été forcé de parler sans la présence de son avocat. D'ailleurs, voici un extrait de mon contre-interrogatoire.

Q.– Est-ce qu'il a été question d'avocats dans l'interrogatoire de monsieur l'accusé..., ou avant qu'il parle ou pendant, est-ce qu'il s'est parlé d'avocats, de ses avocats ou de son avocat?

R.– Non.

Q.– Il n'en a pas été question?

R.– Pas d'après moi.

Q.– Il n'a pas mentionné le nom d'avocat?

R.– Je ne sais pas. Je ne m'en rappelle pas.

Q.– Est-ce que monsieur... n'aurait pas dit: Je voudrais parler en présence de mon avocat ou je ne parlerai pas du tout?

R.– ...

Q (par la Cour).– Vous rappelez-vous d'une remarque semblable faite par l'accusé lorsque vous lui avez demandé des explications, il aurait dit : Je parlerai en présence de mon avocat ou je ne parlerai pas du tout? Vous rappelez-vous qu'il aurait fait une remarque semblable?

R.– Moi, j'ai fait ça?

Q.– On vous demande si l'accusé vous a dit ça, vous êtes officier, vous devez le savoir?

R.– ...

Q (par la Cour).– Vous êtes officier, vous devez avoir un peu l'habitude des cours?

R.– C'est la première fois, votre Honneur.

Q.– C'est la première fois que vous témoignez?

R.– Oui.

Q.– Est-ce que monsieur..., dans le cours de l'interrogatoire ou avant l'interrogatoire, vous a dit : Je parlerai en présence de mon avocat ou je ne parlerai pas du tout? Vous rappelez-vous s'il a dit ça?

R.– Oui, monsieur.

Q.– Alors il a dit : Je parlerai en présence de mon avocat ou je ne parlerai pas du tout. Est-ce ça que vous dites là?

R.– Oui, monsieur.

Q.– Il a dit ça?

R.– Oui, mais à la suite il a changé d'idée parce qu'il a fait une déclaration.

Q.– Qu'est-ce qui l'a fait changer d'idée?

R.– ...

Q.– Au début, il ne voulait pas parler, est-ce que c'est ça que l'on doit comprendre? Il ne voulait pas parler autrement qu'en présence de son avocat? Est-ce que c'est ça l'attitude de l'accusé?

R.– Il ne voulait pas parler et il voulait parler, je ne sais pas qu'est-ce qu'il lui passait par la tête.

Q.– Je comprends que vous ne pouvez pas nous dire ce qu'il lui passait par la tête, mais vous pouvez nous dire ce qu'il disait, par exemple. Est-ce qu'il refusait de parler?

R.– Au début, oui.

Q.– Est-ce à ce moment-là qu'il a dit : Je ne parlerai pas si je n'ai pas mon avocat avec moi?

R.– Oui.

Q.– Est-ce que c'est au début ça?

R.– Oui.

Q.– Finalement il a parlé?

R.– Oui.

Q.– Qu'est-ce qui l'afait changer d'idée?

R.– Je ne sais pas, moi.

Q.– Est-ce que vous saviez combien ça faisait de temps qu'il était en prison ici au poste?

R.– Non.

Q.– Vous ne le saviez pas?

R. Non, monsieur.

Q.– Est-ce que vous saviez que ça faisait plus d'une nuit au moins? Étiez-vous au courant?

R.– Non.

De son côté, l'accusé nia avoir fait cette confession librement. Il déclara qu'on l'avait empêché de voir son avocat, qu'il avait passé environ trois jours et demi en prison lorsqu'on l'avait amené aux bureaux de la Sûreté provinciale, et qu'il était déjà fatigué quand on l'avait arrêté. En outre, la prison n'était pas un lieu de repos. S'il avait fait certains aveux, c'était uniquement dans le but d'obtenir une caution et sortir de prison. Voici quelques extraits de son témoignage :

Q.– Et puis, il [l'agent] a commencé à vous questionner?

R.– Oui.

Q.– Qu'est-ce que vous avez répondu?

R.– Je lui ai demandé s'il voulait être assez bon de prendre le téléphone et d'appeler mon avocat, que je voulais voir mon avocat avant de discuter, avant de dire quelque chose. Il dit: T'as pas besoin de ton avocat. Il dit : Tu vas le voir après-midi à la Cour.

Q.– Alors, est-ce qu'il a été question plusieurs fois d'avocats au commencement?

R.– Je lui en ai parlé quatre (4), cinq (5) fois.

Q.– Est-ce que c'est la même chose que vous avez dit ou bien si vous avez changé votre manière de parler?

R.– Ma version était de voir mon avocat avant de parler. J'ai dit: J'ai aucune déclaration à faire. J'ai dit: Sur les voies de fait, ça me fait rien, je peux dire tel que c'est arrivé, mais pour le restant, je veux voir mon avocat. Il dit: Tu en as pas besoin, tu vas le voir après-midi à la Cour.

Q.– Vous avez insisté quatre, cinq fois?

R.– J'ai toujours insisté pour ça. Ensuite, il m'a dit: Si tu parles tout de suite, tes voisins ne seront pas amenés, ta parenté, tout va être caché. Il dit: Si tu parles pas, on est obligé d'amener toutes les preuves contre toi, toute la famille va savoir ça, ça va être tout dévoilé.

Q.– Ça, vous jurez ça?

R.– Oui je le jure. C'est vrai à part de ça.

Q.– Est-ce que ça faisait longtemps que vous étiez en prison?

R.– Oui.

Q.– Est-ce qu'il a été question que vous resteriez là ou que vous sortiriez, est-ce qu'il s'est dit quelque chose au sujet de votre temps en prison?

R.– Il dit: Si tu parles tout de suite, après tu pourras te servir d'un cautionnement pour sortir... C'est de même qu'il a dit ça.

Q.– Est-ce qu'il y a eu une mise en garde de faite? On a lu tout à l'heure une mise en garde.

R.– La mise en garde qu'il a lue tout à l'heure, je peux jurer qu'il ne me l'a jamais lue, ni lui ni l'autre, je peux jurer ça.

Q.– Ils ne vous l'ont pas lue?

R.– Ils ne me l'ont jamais lue.

Q.– Ils ne vous l'ont pas dit non plus?

R.– Ils m'ont jamais dit: Ça servira contre toi au procès.

...

Q.– Au début, vous ne vouliez pas parler, après ça, vous avez fait une déclaration?

R.– J'aimais mieux arriver et faire pareil comme je dirais ici, coupable à tout pour ne pas avoir de scandale à nulle part, c'est ce qui m'a passé en arrière de la tête.

Q.– Comment étiez-vous à la suite de votre emprisonnement pendant trois (3) jours?

R.– Si je pouvais le dire, je le dirais, mais je ne suis pas capable.

Q.– Je parle au point de vue santé.

R.– Je n'avais plus de moral. D'abord, je suis un type qui travaille, qui travaille quinze, seize heures par jour, des fois dix-sept heures, j'étais très fatigué, je n'avais plus aucun moral, aucun moral.

À la fin de cette enquête préliminaire, le juge des Sessions de la paix rendit comme suit son jugement sur l'admissibilité de la confession : « Je ne sais pas jusqu'à quel point je suis obligé de rendre jugement sur la confession à l'enquête préliminaire. Si j'étais au procès, j'hésiterais à admettre la confession. Les témoignages des 2 constables ne concordent pas sur certains points essentiels. Un constable admet que l'accusé a demandé pour voir son avocat avant de parler. L'autre constable dit qu'il ne l'a pas demandé. Le poids de la spontanéité est sur la Couronne. Enfin, je ne crois pas que je sois obligé de rendre cette décision, je vais laisser cela au juge du fond. Ensuite, il y a la corroboration qui peut se poser, je comprends qu'elle n'est pas essentielle, mais elle est recommandable. On va laisser le juge du fond décider la question. PERMISSION DE PRODUIRE LA CONFESSION. »

Quant à l'enquête préliminaire dans la cause d'inceste, la preuve fut faite avec les témoignages de la jeune fille de onze ans, du médecin qui l'avait examinée, et de la mère. Celle-ci n'avait pas été témoin des actes allégués par la Couronne, mais elle avait recueilli la déclaration de sa fille, peu de temps après. Le témoignage de l'enfant, commencé par des soupirs et de longs silences, après chaque question du procureur de la Couronne, fut particulièrement émouvant. Il était aussi très accablant.

Ainsi donc, je n'avais que peu d'espoir de sauver mon client. Quand je pensais au sort qui l'attendait, il me semblait entendre l'air *Eri tu* de l'opéra *Le Bal masqué* de Verdi : *Eri tu che macchiavi quell'anima, la delizia dell'anima mia* (C'est toi qui as sali cette âme, délice de mon âme). Ce reproche, me disais-je, pourrait être prononcé par un juge sévère. Et dire que mon rôle d'avocat était de défendre de tels individus!

Mais, alors qu'une épée de Damoclès semblait suspendue sur la tête de l'accusé, l'imprévu se produisit. Au début du procès, l'épouse, qui n'avait donné que son nom, son âge et son adresse au greffier, refusa d'aller plus loin. Fondant en larmes, elle se mit à trembler, et l'on dut la faire asseoir pour lui permettre de continuer. Le procureur de la Couronne tenta de la convaincre qu'elle devait témoigner et qu'elle n'avait rien à craindre, mais en vain. La pauvre femme semblait secouée par la peur et l'émotion, complètement dominée par ses sentiments envers son mari, qu'elle détestait après l'avoir aimé et ses enfants qui seraient affectés pour la vie si elle contribuait à faire condamner leur père.

Comme elle restait là, prostrée, en proie à une douleur intense, signifiant d'un signe de tête qu'elle ne parlerait plus, le juge ajourna la séance pour quelques minutes et convoqua les deux procureurs à son bureau.

Conscient du fait que le Code criminel exige une corroboration dans des causes de ce genre, le magistrat nous plaça devant le dilemme suivant : ou l'homme serait acquitté, ou la femme changerait d'attitude pour consentir à témoigner, auquel cas l'accusé risquait de recevoir une sentence de dix ans de pénitencier. Après un dernier effort du procureur de la Couronne, la femme ayant maintenu sa décision de ne pas parler, le juge nous proposa la solution suivante : la Couronne retirerait son accusation d'inceste, pendant que l'accusé plaiderait coupable à celle, moins grave, d'attentat à la pudeur de la plus jeune des deux filles. De mon côté, je conseillai fortement à l'accusé de consentir, car il se trouvait à obtenir ainsi ce qu'il n'espérait plus, et cela sans être obligé de témoigner pour sa propre défense.

Ainsi donc, le juge étant revenu en Cour, condamna l'accusé à trente jours de prison pour attentat à la pudeur et accepta le retrait des accusations d'inceste et de voies de fait.

L'homme s'en tirait à bon compte et il était naturellement très content...

Quant à moi, j'étais également satisfait du résultat, mais je laissais mon client avec sa conscience.

UN INCENDIAT

L'épicier-boucher d'un village voisin, portant bien ses 67 ans, était l'un de mes bons clients. Régulièrement, il m'apportait des comptes à percevoir, il venait chercher l'argent perçu et repartait, toujours jovial, non sans avoir taquiné un peu mes jolies secrétaires.

Un jour, il m'appela du palais de justice de Sherbrooke. Il avait été arrêté et il devait être accusé incessamment, à la suite de l'incendie d'une maison dont il était propriétaire à la campagne, et qui se trouvait alors inoccupée. Je me rendis immédiatement au palais de justice pour obtenir son élargissement sous caution et le ramener chez lui. Il ne souriait plus et se disait victime d'un complot fomenté par des gens de son entourage.

Quelques jours plus tard, de bonne heure dans la matinée, deux agents de la Sûreté du Québec vinrent le chercher sans avertissement pour le conduire à Montréal. Il protesta qu'il était malade, qu'on ne lui laissait pas le temps de s'habiller et qu'il n'avait pas ses pilules, mais rien n'y fit. À Montréal, selon ses dires, alors qu'il se trouvait dans une pièce sombre et exiguë, un agent de la Sûreté lui avait dit : « Le ministre Wagner nous a donné des ordres de faire parler les accusés, et on va te faire parler, nous autres. » (Précisons que ceci se passait à l'époque d'incendies criminels dans la région.) À ce moment-là, il s'aperçut que l'un des agents regardait une planche qui aurait pu servir à lui infliger de mauvais traitements. On le força à faire une confession complète. Selon lui, il fut obligé de la signer pour obtenir qu'on le ramenât chez lui. Il venait d'avouer, bien malgré lui, qu'il avait payé deux jeunes gens pour mettre le feu à sa maison.

À la Cour, il plaida non coupable, mais il se rendait bien compte qu'il s'était mis dans une situation difficile. Heureusement, il gardait une certaine confiance et ne désespérait pas outre mesure.

J'entrepris de défendre ce client qui m'était sympathique. Sur mon conseil, il choisit un procès devant juge et jurés. Une tactique s'imposait : faire rejeter sa confession comme n'ayant pas été faite librement et rétablir les faits en mettant la faute sur les vrais auteurs de l'incendie, les seuls coupables.

L'affaire se présentait très mal, car le procureur de la Couronne avait beau jeu avec une confession complète et de bons témoins, dont les principaux étaient deux frères qui avaient bu avec l'accusé pendant des heures à l'hôtel avant l'incendie.

Comme prévu, la poursuite établit que l'accusé s'était trouvé à l'hôtel un soir et qu'il avait promis de payer les deux frères s'ils mettaient le feu à sa maison, située à quelques milles du village. Ils y étaient allés et avaient accompli leur besogne. Mais ce qui était plus grave, c'est qu'après l'incendie qui avait réduit cette maison en cendres, l'épicier leur avait donné une somme de 100 $ en argent et avait réduit considérablement les comptes d'épicerie qu'ils lui devaient.

J'étais consterné, mais il ne fallait pas me laisser abattre. Je décidai de contre-attaquer avec force. À mes questions directes, le principal témoin de la Couronne dut admettre que, non seulement il avait incendié la maison de l'accusé, mais qu'il avait déjà été condamné pour avoir mis le feu à une église des environs. De plus, il lui fallut préciser que c'était lui qui avait proposé de faire le coup moyennant rémunération, alors que l'accusé était sous l'influence de l'alcool. Quant à son frère, je m'attaquai à sa crédibilité, de sorte qu'il fut rapidement réduit à l'impuissance.

Il y eut preuve sur voir dire au sujet de la confession. Je ne crois pas, dans ma carrière, avoir jamais attaqué aussi durement des agents de police. En cela, je dérogeais à mes attitudes habituelles envers les auxiliaires de la justice. Je les massacrai littéralement et leur fit admettre que leur conduite dans cette affaire avait été irrégulière, injuste et inacceptable, mais ils disaient avoir agi suivant des ordres quand ils avaient emmené mon client à Montréal pour le faire parler, au moyen de menaces, sans la présence de son avocat. Ces présumés aveux furent rejetés par le juge.

Témoignant pour sa propre défense, l'accusé sut, dès ses premières paroles, attirer la sympathie du juge et des jurés. Il admit avoir bu plus que de raison à l'hôtel. Les Fêtes approchaient, mais il n'avait jamais eu l'intention de faire brûler sa maison. Il n'aurait même jamais pensé à déshonorer sa famille en commettant un tel acte criminel. Quant à l'hôtelier, il confirma que l'accusé, qu'il connaissait bien, s'était enivré dans son hôtel la veille de Noël, le jour de Noël et le lendemain, jour de l'incendie.

Enfin, je terminai l'enquête en défense par une preuve de caractère, en faisant paraître plusieurs notables de cette municipalité. Tous s'accordaient à dire que l'accusé jouissait d'une excellente réputation dans le village, même s'il lui arrivait de boire un verre de trop en de rares occasions.

Le dernier témoin ayant été entendu vers midi de la deuxième journée du procès, l'audience fut ajournée à deux heures pour les plaidoiries. Je me retirai seul à l'hôtel, pour manger légèrement, réfléchir et préparer un plan. J'étais très inquiet au sujet de l'issue de cette cause, car le procureur de la Couronne s'était montré plein de confiance.

Je résolus d'y aller franchement et directement, en racontant l'histoire de l'accusé sans détours, mais avec l'émotion qu'il fallait y mettre, tout en surveillant les moindres réactions du juge et des jurés, surtout. À un moment donné, je m'aperçus que deux jurés avaient de la peine à retenir leurs larmes. La partie était-elle gagnée?

Voici des larges extraits de ma plaidoirie :

«Messieurs les jurés,

«Dans cette cause, monsieur A.B. est accusé de complot pour incendiat et de complot pour frauder une compagnie d'assurances d'une somme de 3 000 $.

«Dès avant le procès, et maintenant que nous avons entendu les témoins, j'ai toujours été profondément convaincu de l'innocence de mon client. En ce moment, je suis sûr que vous autres, après avoir entendu la preuve, vous êtes déjà de mon avis. Vous savez où est la vérité. Je vais essayer tout de même de résumer aussi brièvement que possible les témoignages qui ont été rendus, et je vais conclure selon cette profonde conviction qui m'habite en ce moment.

«Monsieur B. est un honnête homme. Nous avons fait une preuve de caractère. Nous avons démontré, à l'aide de personnes qui demeurent tous dans la même localité, dans le même village, et qui tous, sauf le chef de police qui est arrivé plus récemment dans la municipalité, connaissent monsieur B., parce qu'ils sont en contact avec lui presque tous les jours. Un commissaire d'école, un ancien conseiller municipal et d'autres sont venus dire que monsieur B. a toujours été honnête, qu'il n'a jamais fraudé personne, et ils ne voient pas pour quelle raison il aurait fait une chose pareille à celle dont il est accusé, à son âge, soixante-sept ans, alors qu'il se retire des affaires pour cause de maladie.

«Monsieur B. a fait de bonnes affaires, il avait une épicerie qu'il a vendue 10 000 $ à son fils, il a une maison privée qu'il habite avec son épouse, il possède deux ou trois autres maisons, et il avait cette autre maison qui a brûlé. Personne ne l'a pris à la gorge. Il ne doit d'argent à personne, il n'a pas d'hypothèque sur ses propriétés, et il n'a pas besoin d'aller chercher 3 000 $ en faisant un mauvais coup pour payer quelqu'un qui lui demanderait une échéance.

«Monsieur B. prend un verre de temps à autre. Cette journée-là, il avait commencé la veille de Noël, il en a trop pris, c'est vrai, comme il le disait lui-même : 'J'en ai trop pris, je l'avoue', mais ce pas cela qui le rend malhonnête.

«D'un autre côté, à qui a-t-il eu affaire? Il a eu affaire avec A.G., C.G., puis C.D. Ce n'est pas mon rôle, MM. les jurés, d'essayer d'écraser quelqu'un, de descendre ces gens-là, de les mépriser. Je connais trop la nature humaine, et ce n'est pas le lieu ni le temps de dire : un tel c'est un bon à rien, un tel c'est un mauvais garnement. Je ne veux pas les accuser injustement. Je ne ferai pas leur procès ici. Cependant, comme moi, vous êtes capables d'apprécier la valeur des témoignages des gens qui viennent devant vous et devant la Cour. Vous savez à qui vous avez affaire.

«A.G. a déjà des condamnations. Il a fait brûler une église qui avait une valeur considérable, environ 4 ou 5 ans auparavant. Il a aussi fait brûler la maison d'une dame C. et il a eu d'autres condamnations contre lui, pour grossière indécence et vol. Alors, A.G. est un homme qui a besoin d'argent. Comme il sortait de prison au moment où cette affaire-là est arrivée, c'est évident qu'il avait besoin d'argent, non seulement à cause de son état d'insolvabilité, qui datait de plusieurs années, alors qu'il s'était mis sous la loi Lacombe, mais à ce moment-là surtout, il en avait besoin pour vivre, ce qui explique son geste. C.G., son frère, a un dossier moins chargé, mais tout de même il en a un. Il a été condamné pour refus de pourvoir. Refus de pourvoir, vous savez ce que c'est, c'est le fait d'un homme qui ne fait pas vivre sa femme et ses enfants. Encore là, je n'ai pas à attaquer inutilement ces témoins de la Couronne, mais il faut placer les choses où elles doivent être. Les deux frères G. doivent de l'argent à monsieur B. À ce moment-là, l'un environ 130 $ et l'autre environ 260 $.

«Un troisième personnage est mêlé à cette affaire, C.D.

C'en est un autre qui, il faut bien le dire, n'est pas recommandable. La preuve a révélé que, lorsqu'il a appris que A.G. allait faire brûler la maison de monsieur B. en s'en allant dans l'auto, il n'a pas sursauté, il n'a rien dit. Je lui ai posé la question : 'Qu'est-ce que vous avez dit, qu'est-ce que vous avez fait quand A.G. a dit : Je m'en vais mettre le feu à cette maison-là'? Réponse : 'Je n'ai rien dit et je n'ai rien fait.' Évidemment, ils veulent se protéger contre une condamnation, contre la prison, c'est normal, c'est humain, mais je parle au point de vue conscience.

« Alors, deux de ces trois-là, A.G. et C.G. accusent monsieur B., un honnête homme, d'avoir commis ce crime-là, d'avoir demandé de faire brûler sa maison. Déjà, le fond de scène, nous l'avons, nous voyons ce qui s'en vient. Monsieur B. a de l'argent. Évidemment, eux autres n'en ont pas. Monsieur B. a des propriétés et de l'argent en banque. C'est un bon diable. Vous l'avez vu, vous autres, vous l'avez entendu dans la boîte aux témoins, et puis, il y a assez d'autres témoins qui l'ont dit, c'est un bon gars. Alors, il s'en va à l'hôtel. Ça faisait déjà une journée et demie qu'il prenait un coup, à Noël, et même le lendemain ; il n'est pas le seul à en avoir pris, j'imagine, cette journée-là. Alors ce qui est arrivé, c'est bien simple, ils ont profité de son état d'ivresse pour lui extorquer de l'argent. C'est surtout A.G. qui a commencé toute l'affaire. Ce n'est pas de la fantaisie, ce sont des faits prouvés. Ils ont profité de son état d'ivresse avancée. Ils ont dit : 'On va l'embarquer dans le pétrin, et après on dira : Monsieur B. avancez-nous de l'argent, ou bien ça ne marchera pas, ça prend 100 $, ça prend 200 $, ça prend plus que ça. Ça prend des comptes d'épicerie, on va se taire, on ne dira pas ce que vous avez fait, même s'il ne l'a pas fait.'

« Monsieur B. est innocent de tout ça, lui. Il était en boisson. L'hôtelier le dit. A.G. l'admet. C.G. le dit. Ils disent tous que monsieur B. était en boisson. Il n'est au courant de rien. Le lundi, il apprend que sa maison est brûlée. Il dit à sa femme : 'Appelle la compagnie d'assurance.' Il y a enquête. Finalement, au bout de quelque temps, il commence à se faire des bruits, il entend parler de quelque chose, monsieur B. Ses garçons lui disent qu'ils ont eu des appels, madame B. a reçu des appels téléphoniques dans la nuit ; alors il se demande qu'est-ce qui se passe autour de lui.

« A.G. vient le trouver pour avoir 50 $, mais il ne parle pas de ce feu-là. Il dit que c'est pour son avocat, qu'il est mal pris, qu'il a besoin d'argent, il faut qu'il paye. Monsieur B. lui donne 50 $. C'est parfaitement normal. Quelques jours après, c'est 100 $. Monsieur B. trouve sans doute que ça commence à monter un peu. Il dit : 'Pourquoi cette affaire-là ?' L'autre lui dit : 'C'est pour ma caution.' Il avait une autre cause qui n'était pas terminée devant la Cour à Thetford Mines. Il dit : 'Il faut que je donne 100 $ pour mon cautionnement parce qu'ils vont m'embarquer en dedans.' Ça, c'est la vérité, et monsieur B. l'a admis ; il a avancé 150 $. Il a toujours eu bon coeur pour ces gens-là, malgré qu'ils ne le lui rendent pas aujourd'hui ; il les a aidés, parce qu'il savait qu'ils étaient dans le besoin, malgré leurs défauts. Tout le monde a des défauts, il les a aidés quand même, surtout A.G.

«Pour monsieur B., A.G. est un bon homme, il est capable de faire de la construction, des réparations et, quand on peut l'avoir, ça marche, et monsieur B. le paie pour son bon travail. Il est satisfait. Alors, comme il avait des travaux à faire au printemps ou à l'été, il se dit : 'Je vais lui avancer ça, je vais lui faire signer des billets et, quand il travaillera, il me paiera.' Qu'est-ce qu'il y a de mal à cela ? Qu'est-ce qui peut incriminer monsieur B. pour ça ? Ces demandes d'argent prouvent qu'on voulait faire du chantage, on voulait se servir d'une affaire qui n'existait pas pour lui enlever de l'argent. D'après ces jeunes-là, ils avaient un bon poisson, on pouvait le faire payer.

«Maintenant, dans leurs témoignages, à ces trois compères, il y a tellement de contradictions que je pourrais en faire une longue liste.

...

«Je dois indiquer ici, messieurs les jurés, qu'il ne s'agit pas dans cette affaire, d'un réseau d'incendiaires, comme on en a déjà vu. Vous êtes au courant que, depuis quelques années, il y a eu de ces réseaux ; des gens étaient organisés à Québec, Montréal et en province, pour faire mettre le feu par d'autres. Il n'est nullement question de cela ici. D'ailleurs, ceci n'a été prétendu ni d'un côté ni de l'autre. Il n'y a rien d'organisé. Tout ce qui est arrivé, c'est qu'un pauvre diable comme A.G., qui était un maniaque de l'incendie, qui avait fait brûler une église, la maison de madame C. et peut-être d'autres aussi, a également fait brûler la maison de monsieur B. La preuve a révélé que ce maniaque a incendié une église parce qu'il voulait avoir de l'ouvrage après. S'il fallait se mettre à faire brûler des églises ou des palais de justice, tout ça pour avoir de l'ouvrage, ce serait beau. Ça n'a aucun sens. C'est facile de voir que ce type-là aime ça mettre des feux. Il a dit au fils de monsieur B.: 'J'en ai une autre à faire brûler dans ces jours-là.' Est-ce que monsieur B. va être victime, parce qu'un homme a la manie de l'incendie? Il sait comment faire brûler ça, une maison, lui; il met une cigarette avec un paquet d'allumettes; il connaît son affaire. Et parce que A.G. a cette manie-là, monsieur B. va payer pour ça, lui? Lui, un honnête homme qui n'a pas de casier judiciaire? On va croire ces gens-là, de préférence à monsieur B.? Jamais, pour ma part.

« Il reste, messieurs les jurés, que monsieur B. aurait fait une déclaration à Montréal, devant la Commissaire aux incendies. Eh bien! pourquoi ne l'a-t-on pas sortie, cette déclaration-là, en faisant venir ceux qui l'ont prise: le Commissaire, son assistant et sa secrétaire? Eux autres, on aurait pu les questionner, pas des gens de la Police provinciale qui n'en ont pas eu connaissance quand il a déclaré. Ils n'étaient pas là, ces deux-là de la Police provinciale. Je ne leur fais pas de reproche non plus à ceux qui sont ici, ils n'étaient pas là quand cette déclaration a été faite. Cette déclaration-là, on n'en a pas pris connaissance, nous autres.

« Monsieur B. a témoigné dans sa propre cause. Il aurait pu s'abstenir de la faire en disant: 'J'ai affaire à des témoignages qui ne valent pas cher,' je reste assis, j'attends.' Mais nous n'avons pas peur de la vérité. J'ai mis monsieur B. dans la boîte aux témoins, parce que je sais qu'il dit la vérité. Quand il parle de sa déclaration à Montréal, il raconte des choses qu'il a vécues lui-même, ce n'est pas imaginé ça, quand il parle d'une planche, et puis que les bureaux étaient faits de telle façon qu'un tel était en face de lui et qu'un autre était de l'autre côté de la table, ce n'est pas de l'imagination et ce n'est pas de l'invention. Ce qui est arrivé, messieurs les jurés, c'est que dans cette période-là, on a découvert ce dont je parlais tout à l'heure, c'est-à-dire des réseaux d'incendiaires qui groupaient de grands coupables. J'admets avec tout le monde, même avec le ministre Wagner, qu'il fallait que ça cesse. D'ailleurs, tout le monde est d'accord là-dessus. Personne n'a intérêt à protéger le crime, excepté ceux qui en bénéficient directement; mais dans ce cas, on est allé trop loin. Au Commissariat des incendies, à Montréal, on a adopté la ligne dure envers les présumés coupables. Les agents se sont dit: 'On va les brasser ces gens-là, il va falloir qu'ils avouent ou bien ça va casser.' Alors, avec ce système-là, on a trouvé de vrais bandits, de vrais coupables, de vrais incendiaires, mais on a essayé de mettre dans le même sac monsieur B. Lui, toute cette affaire-là, le dépasse. Pourquoi est-il pris? Il ne se rappelle pas ce qui s'est passé. Il sait qu'il n'est pas coupable. Il est sourd et, quand il n'a pas son appareil, il n'entend pas; quand il l'a, il entend un peu. Quand il était à l'hôtel, il ne l'avait pas non plus. Alors, il est tout perdu là-dedans, il n'avait pas d'avocat dans ce temps-là. La police arrive et l'embarque, habillé ou pas habillé, de l'argent dans ses poches ou non, pas de différence. Je soumets respectueusement que ces méthodes vont trop loin. Que l'on donne la chance à un présumé coupable ou à un innocent de se défendre loyalement, normalement, en connaissance de cause, en sachant ce dont on l'accuse, en sachant ce qu'on lui demande, en comprenant les questions qu'on lui pose, très bien. Mais les circonstances dans lesquelles monsieur B. a été amené à Montréal ne sont pas normales. Je comprends que le midi, il a peut-être dit qu'il n'avait pas faim. Je comprends cela, il n'avait pas faim, on l'amenait et on essayait de lui faire signer une déclaration, ce n'était pas intéressant et ça ne donnait pas d'appétit. Par la suite, dans l'après-midi par exemple, là, il a eu faim. Qu'on lui demande à midi ou à midi et demi: 'Avez-vous faim?' et qu'il réponde: 'J'ai pas faim', c'est normal; mais quand on est rendu à quatre heures et demie, cinq heures, par exemple, ça c'est autre chose. Alors ce qui est arrivé, c'est que monsieur B. a dit —ce qui est bien simple et c'est la vérité —, il s'est 'tanné' de cela et il a dit: 'Je veux m'en aller chez nous, je ne veux pas rester si tard que ça.' On lui a dit: 'Tu vas rester tard.' Ce ne sont peut-être pas les témoins que nous avons entendus ici, dont l'un a été qualifié de 'gentleman', mais ce sont d'autres personnes qui étaient à Montréal et qui ne sont pas venues devant la Cour. Ils ont dit: 'Si tu veux t'en retourner chez vous pas trop tard, t'as besoin de parler et puis tu vas répondre aux questions ou ça va aller mal.' Ils ne l'ont pas frappé, mais ils ont fait semblant qu'il se passerait quelque chose. L'homme qui a pris une planche à côté, ce n'était sans doute pas pour le frapper; mais quand un homme a faim et qu'il est malade, qu'il est énervé, qu'il ne sait pas ce qui va arriver et qu'il a déjà vu dans les journaux et dans les films que des gens s'étaient fait 'passer à tabac', il s'est dit: 'Je suis aussi bien de répondre oui à tout, à n'importe quoi.

Ils lui ont posé des questions et il a répondu oui, c'est ça qui est arrivé. On lui a même demandé : 'Avez-vous dit cela pour faire des farces? de faire mettre le feu?' et il a répondu oui. C'est facile à voir que cette déclaration-là contenait toutes sortes de choses.

«Alors, je reviens, je ne veux pas être trop long, à la boisson. Dans certaines causes, le fait d'être en état d'ivresse n'est pas une excuse, par exemple quelqu'un prendrait de la boisson pour ôter les remords, pour ne pas penser à ce qu'il fait de mal. Si quelqu'un dit : 'Je vais faire un coup, mais ça m'énerve un peu, je vais me mettre chaud et après ça, ça va aller mieux, je vais pouvoir voler, je vais pouvoir faire ceci, je vais pouvoir faire ça.' Ce n'est pas le cas présent. Quand le type est en boisson, que ce n'est pas volontairement pour faire un mauvais coup, quand il n'a pas d'intention coupable, il ne peut pas être reconnu coupable parce qu'il faut qu'il y ait intention, intention réelle, manifestée par des actes, d'accomplir le crime dont il est accusé. Dans toute cette cause, on voit que monsieur B. n'avait pas l'intention de faire brûler cette maison-là.

«Une preuve supplémentaire de l'innocence de monsieur B., c'est la valeur de la maison et l'intention que monsieur B. avait de la déménager pour la mettre sur un de ses terrains et la louer ou la vendre ou encore la donner à l'un de ses enfants. C'est une preuve qui a· été faite. Cependant, il ne voulait rien faire pendant l'hiver, il fallait attendre au printemps ou à l'été.

«Cette maison-là avait une valeur de sept à huit mille piastres, selon le témoin L., et de dix à douze mille selon monsieur R. J'admets que monsieur R. n'est pas un constructeur comme monsieur L., qu'il a fait moins de travail de construction. Peut-être qu'il exagère un peu, c'est possible. Je ne l'ai pas vue, la maison, moi. On se fie aux témoignages. Mais même si elle n'avait valu que sept mille dollars, est-ce que monsieur B. l'aurait fait brûler pour trois mille? Ça ne tient pas. Si encore il s'était dit : 'Elle va brûler partiellement, une supposition, là le feu va arrêter, je vais avoir trois mille piastres, il va me rester encore les cadres, les fondations, il va me rester encore pas mal, je vais essayer de me rattraper à la fin, je vais entrer dans mon argent.' Ce n'est pas cela. En plein champ, une maison de même, quand le feu est allumé, ça brûle complètement, il n'y a rien à faire, les pompiers sont trop loin, surtout en hiver quand il fait froid. Alors, c'est une impossibilité dans notre raisonnement parce lui, comme moi, comme vous autres, nous sommes des gens logiques, quand on fait quelque chose, il faut y penser avant, il faut que cela ait du sens ; on peut faire des erreurs, mais on ne fait pas de choses qui ne tiennent pas debout.

« Messieurs les jurés, je ne veux pas prolonger, je ne veux ajouter que très peu à ce que je viens de dire, et je vais essayer de conclure en vous répétant ce que je vous ai dit au début : monsieur D. a été entraîné dans une affaire à laquelle il n'a jamais pensé, qu'il n'a jamais voulue et qu'il n'a jamais faite... Il souffre aujourd'hui l'humiliation d'un procès qu'il n'a pas mérité. A.G., C.G. et C.M., à ce qu'il semble, n'ont pas été accusés de ce crime-là. Je n'ai pas de reproche à faire à la Couronne, c'est son travail et je n'interviendrai pas dans le travail des autres. Je vous dirai cependant une chose : c'est que ces trois-là ont participé à ce crime, ils ont comploté pour mettre le feu à la maison de monsieur B. Alors, qu'est-ce qu'ils espèrent ? Ils espèrent qu'en rejetant la faute sur monsieur B., ça va aider leur cause. Ils ont cela dans l'esprit, c'est facile à voir en se basant sur leurs témoignages, pas sur des imaginations. Ils disent : 'Lui, il va payer pour nous autres, il a plus d'argent, il est capable de se débrouiller ; nous autres on a seulement qu'à l'accuser et l'affaire va passer.'

« Messieurs les jurés, je suis sûr que vous n'êtes pas dupes de cette machination. Vous comprenez, vous avez l'expérience de la vie, vous connaissez ce que c'est qu'une conscience, vous savez ce que c'est un homme qui dit la vérité et un autre qui ne la dit pas. Vous savez quand ça a du bon sens et quand ça n'en a pas. Vous savez que ces trois témoins de la Couronne n'ont pas dit la vérité au même point que monsieur B. et on ne peut pas les mettre sur le même pied aujourd'hui. Est-ce que vous allez condamner monsieur B., qui est une victime, laisser aller les autres, et qu'il arrivera ce qu'il pourra ?

« Messieurs les jurés, je vous demande d'acquitter mon client, monsieur B., commerçant, rentier maintenant ; je vous demande de lui rendre la liberté qu'il mérite. Je suis sûr que sa vie ne sera pas couronnée par un affront comme celui-là. Je suis convaincu de son innocence et j'espère, je suis certain que vous en êtes convaincus, vous aussi, et que vous l'acquitterez honorablement. »

Dans son adresse aux jurés, le juge me parut neutre et parfaitement impartial, mais légèrement sympathique. D'ailleurs, sa compétence était reconnue de tous ceux qui le connaissaient... Les jurés se retirèrent pour délibérer, mais ils ne restèrent pas longtemps à l'écart, ce qui pouvait être un bon signe.

Mon angoisse allait tout de même croissant quand le président du jury se leva pour annoncer : «Monsieur le juge, les jurés, à l'unanimité, trouvent l'accusé non coupable.»

C'était le triomphe après le suspense. Alors, l'accusé, les jurés et les témoins m'entourèrent pour me féliciter. L'hôtelier raconta que, pendant ma plaidoirie, il sentit soudain des larmes lui couler le long des joues. Mais c'est un juré qui me fit l'un des plus beaux compliments que j'aie jamais reçus. En me serrant chaleureusement les mains, il me dit : «Jusqu'à présent, je ne savais pas ce que c'était un bon avocat ; maintenant, je le sais.»

Quel beau souvenir !

UN DÉFENDEUR SE SUICIDE

Un jour, le hasard m'amena à Montréal pour y plaider plusieurs causes. Le tout commença par un accident d'automobiles. Un client de Thetford Mines avait frappé et blessé un enfant dans une rue de la métropole. Avant le procès, une jeune femme, secrétaire médicale, était venue me porter un certificat signé par son patron, un médecin spécialiste, et nous avions causé pendant quelques minutes. Au cours de la conversation, elle me demanda si je pouvais prendre des clients à Montréal. «Oui, lui répondis-je, si cela en vaut la peine; je ne viendrais pas pour une cause de peu d'importance.»

C'est ainsi que je fus introduit dans une famille, d'abord très unie, mais qui fut bientôt violemment déchirée par des intérêts divergents. L'histoire serait plutôt longue à raconter, mais on peut la résumer comme suit.

L'homme le plus en vue de la famille, important fonctionnaire, était propriétaire de deux commerces de locations de véhicules automobiles, devenus assez lucratifs. À la suite d'une courte maladie, il avait vendu l'un de ses deux commerces à quatre de ses frères et soeurs, mais il ne tarda pas à regretter les revenus que cette entreprise lui avait procurés. Bientôt, il s'employa à tenter, par toutes sortes de moyens illégaux et violents, de reprendre la propriété de cet établissement commercial. Il mit son frère dehors, celui qui administrait le commerce en question; il lui enleva son automobile; il changea les serrures du bureau et embaucha une employée de son choix à la place.

Sur un appel des quatre propriétaires évincés, je me rendis à Montréal où une réunion avait été convoquée pour tenter de régler le différend. C'était un dimanche après-midi. Le grand frère, décidé à s'emparer définitivement des biens de ses frères et soeurs, ne voulut rien entendre. Insultant, nerveux et agressif, il tenta de m'impressionner par ses menaces et sa jactance d'un goût douteux et inefficace.

Les quatre associés n'avaient pas d'autre recours que de prendre des procédures judiciaires. Je fus donc chargé de préparer une injonction et une réclamation en dommages-intérêts pour une somme importante. Cette requête en injonction demandait qu'il fût ordonné au défendeur-intimé de respecter les droits des requérants et de cesser de faire obstacle à l'exercice de leurs activités. Après enquête et audition, l'injonction interlocutoire fut accordée, avec les considérants suivants:

« Considérant que les requérants ont établi un droit apparent à l'occupation d'une partie du dit local...

« Considérant que l'occupation de ce local est essentielle à la poursuite de l'entreprise des requérants;

« Considérant que l'intimé a fait changer les serrures et formellement admis qu'il entendait refuser l'accès à la pièce no 2;

« L'honorable juge B.M. de la Cour supérieure ordonne à l'intimé de cesser par lui-même ou par d'autres de faire obstacle à l'accès des requérants à leur bureau situé au... de la rue... app. 2, pour l'exploitation de leur commerce de location de véhicules-automobiles...»

Cependant, le défendeur-intimé ne respecta pas l'ordre du tribunal. Il feignit de prendre ce jugement à la légère. Pendant ce temps, il menaçait ses frères et soeurs en leur disant que ses avocats de Montréal ne feraient qu'une bouchée de leur « petit avocat de campagne».

Après bien des hésitations, mes clients me demandèrent de recourir à la requête pour outrage au tribunal, procédure rarement utilisée, surtout dans des causes de ce genre. Cette requête fut plaidée avec force et vigueur de part et d'autre, avec le résultat que le juge D.L. rendit un jugement favorable aux requérants. Voici un extrait de ce jugement:

« A l'appui de cette requête, ils [les requérants] produisent une lettre en date du 11 août ... que l'intimé leur a adressée.

« Dans cette lettre, l'intimé dit:

« Je dois vous aviser par la présente que l'entente verbale qui existait entre nous, de vous prêter une partie de mon local, est maintenant considérée comme nulle.»

« L'intimé explique la raison: c'est que, d'après lui, il est forcé de quitter la pièce qu'il occupait et donc, il exprime son intention d'occuper le bureau des requérants, disant:

« Alors, je n'ai pas d'autre alternative que d'occuper l'autre pièce pour y faire mon bureau.»

« Au soutien de leur requête, les requérants produisent une autre lettre en date du 4 septembre ..., une longue lettre de laquelle les requérants extraient la phrase suivante : «Je porterai, moi aussi, des coups de crapule.» C'est une menace. Cependant, si l'on prend cette lettre en totalité, c'est difficile de trouver l'outrage dont se plaignent les requérants.

«Mais il y a plus. Les requérants ont fait la preuve que vers le premier septembre ..., l'intimé a posé une plaque portant le no 2 sur le cadre de la porte de chambre de toilette et une porte portant le no 3 sur ou tout près de la porte de la pièce occupée par l'entreprise des requérants. Vers la même date, l'intimé a déposé son pupitre dans l'appartement no 2. Par la suite, les requérants ont décidé de ne pas opérer parce qu'ils n'aimaient pas cette atmosphère.

«Quand l'intimé après le jugement, envoie la lettre du 11 août ..., et pose les dits gestes, cela démontre dans l'opinion du tribunal que l'intimé a contrevenu à l'injonction interlocutoire rendue le 8 août ...

«Considérant que les requérants ont établi les allégués de leur requête ;

«Par ces motifs, le tribunal :

«Condamne l'intimé à une amende de $100.00 ;

«Le tout avec dépens.

D.L   J.C.S.»

Notons ici que le montant de l'amende était plutôt minime parce qu'il s'agissait d'une affaire de famille et qu'il semblait y avoir une possibilité de réconciliation.

Restait l'action en dommages-intérêts. La bataille s'annonçait comme un autre combat épique car, après une tentative de ma part pour en arriver à un règlement satisfaisant pour les deux parties, j'avais essuyé un refus catégorique du défendeur. Il voulait tout avoir et ne rien concéder.

Or, environ deux semaines avant la date fixée pour le procès, coup de théâtre : le défendeur se tira une balle dans la tête. Surpris et peiné, je tentai de nouveau de terminer ce malheureux litige, mais l'épouse du défendeur reprit l'instance et nous nous retrouvâmes une fois de plus devant la Cour, pour finalement avoir gain de cause. Par la suite, il fallut nous adresser à la Régie des transports, pour obtenir un nouveau permis de location de véhicules-automobiles.

Mon travail au milieu de ces drames d'une famille sympathique m'avait fortement impressionné.

ABUS DE CONFIANCE

La mère avait donné naissance à un enfant hydrocéphale. (Vulgairement, on disait qu'il était né avec une tête d'eau, plus grosse que celle d'un enfant normal.)

Quelques jours plus tard, les parents avaient amené l'enfant à Montréal, à l'hôpital Sainte-Justine où, après un examen sommaire, on déclara que l'enfant devait subir, dans un délai de 18 mois environ, une intervention chirurgicale très délicate et coûteuse, au cerveau. Cependant, en raison d'une grève à Sainte-Justine, on dut ramener l'enfant chez lui, après un court séjour dans un autre hôpital, où l'on ne pouvait rien faire pour lui.

C'est à ce moment-là qu'un chiropraticien intervint. Par l'intermédiaire d'une tante, il sollicita la clientèle des parents de l'enfant, en leur promettant de le guérir. Comme bien l'on pense, il conseilla fortement aux parents désespérés de ne pas confier le pauvre enfant à des médecins, ce qui serait inutile dans les circonstances.

Alors commença une série de consultations et de traitements invraisemblables qui durèrent pendant plus de huit ans. Au début, le chiropraticien exigea de voir l'enfant deux fois par semaine, mais un peu plus tard, les visites furent un peu plus espacées. Le coût des consultations variait entre 3 $ et 10 $, selon le traitement et les médicaments vendus. Sauf une fois, aucun reçu n'était donné. Les traitements en question consistaient particulièrement en manipulations dans la région de la colonne vertébrale, du cou et des jambes. L'enfant reçut également des traitements électriques et, à quelques reprises, des injections de vitamines, soit lors d'une amygdalite, au moment d'une infection aux organes génitaux et lors de convulsions. Parfois, le chiropraticien appliquait un coussin de caoutchouc de chaleur intense aux différentes parties du corps.

Pendant tout ce temps, l'état de l'enfant ne s'améliorait pas. Un jour, il tomba par terre à l'école des enfants handicapés qu'il fréquentait. Il fut transporté à l'hôpital mais, comme il n'y avait pas de médecin disponible à ce moment-là, on l'amena chez le chiropraticien. Il présentait tous les symptômes d'une crise d'épilepsie : convulsions, écume à la bouche, teint bleuâtre.

Pendant plus de quatre heures, le soi-disant médecin tenta par des traitements malsains et inhumains de calmer l'enfant en état de crise. Après avoir pratiqué ses manipulations habituelles, il lui donna une injection de vitamines, puis il lui fit subir un lavement. Enfin, il eut recours à un traitement électrique tellement fort qu'il causa de graves blessures à l'enfant. Désespéré, il le laissa alors se débattre par terre dans un état inquiétant.

À cette occasion, le chiropraticien interdit aux parents de parler de ce grave incident, surtout aux médecins qui l'avaient toujours discrédité auparavant. Finalement, les parents ramenèrent le petit à l'hôpital où l'on constata qu'il aurait pu mourir, étant paralysé d'un côté. On réussit à le calmer.

Une plainte fut alors portée par le Collège des médecins et chirurgiens du Québec, et notre faux médecin fut condamné à l'amende pour avoir exercé illégalement la médecine à cette occasion.

Quelque temps après, sur recommandation de médecins spécialistes de Montréal, les parents me proposèrent d'entreprendre une poursuite en dommages-intérêts contre le chiropraticien. Cette cause me paraissant intéressante, je préparai et lui fit signifier une action au montant de 143 822 $. Cette somme comprenait les réclamations suivantes :

Incapacité permanente de l'enfant	120 000 $
Souffrance et perte de jouissance de la vie	10 000 $
Médicaments	150 $
Voyages à Thetford Mines et à Montréal	2 162 $
Remboursement des consultations payées	1 510 $

Voici la conclusion de cette déclaration accompagnant le bref :

« Par ces motifs, plaise au Tribunal : Condamner le défendeur à payer au demandeur personnellement et à titre de chef de la communauté la somme de 13 822 $ avec intérêts à compter de l'assignation et les dépens... Condamner le défendeur à payer au demandeur en sa qualité de tuteur à son fils ... la somme de 130 000 $ avec intérêts à compter de l'assignation et les dépens. »

En défense, on nous opposa les raisons suivantes pour tenter d'obtenir le rejet de l'action. D'abord, le défendeur allégua qu'il ne s'était jamais engagé à soigner l'enfant pour son hydrocéphalie, mais que les seuls traitements fournis avaient pour but d'activer la circulation et redonner de l'appétit à l'enfant. De plus, le chiropraticien prétendit n'être aucunement responsable de l'état dans lequel il se trouvait, car aucun des traitements prodigués à son jeune patient n'était de nature à nuire à sa santé physique ou mentale.

Fermement appuyé par deux médecins spécialistes de Montréal, l'un neurochirurgien et l'autre versé dans l'étude de la chiropratique, et par un médecin généraliste, et ayant l'appui du Collège des médecins, je n'avais pas peur de me présenter à la Cour.

La difficulté ne consistait pas tant à prouver les faits, qui d'ailleurs ne pouvaient être contestés sérieusement. Sur ce point, après les témoignages du demandeur et de son épouse, le défendeur fut forcé, lors du contre-interrogatoire, d'admettre en substance la version de la demande. L'un des faits les plus surprenants fut la preuve que le défendeur avait obtenu de l'épouse du demandeur qu'elle enveloppât la tête de l'enfant, pour la nuit, dans un sac contenant des feuilles de chou bouillies et humides ; cela devait durer pendant plus d'un an.

La difficulté résidait surtout dans le choix de médecins compétents, bien entendu, mais aussi dans la précision et la pertinence des questions à leur poser. En somme, il fallait comprendre le problème et distinguer le possible du probable ou du certain. Les témoignages des médecins des deux côtés furent excellents. Bien sûr, ceux de la défense contredirent ceux de la demande sur plusieurs points, mais une chose est apparue clairement : il y a des médecins dont la science et la compétence forcent l'admiration. Les nôtres disaient que si l'enfant avait été opéré à temps, soit quelques mois après sa naissance, on aurait pu améliorer son état, sans le guérir complètement. Ils ajoutaient que le chiropraticien avait sans nul doute aggravé son état. D'autre part, les spécialistes de la partie adverse exprimaient l'opinion que le défendeur n'avait fait aucun mal ni probablement aucun bien à l'enfant.

Le jugement ne pouvait accorder au demandeur la somme demandée ; l'on sait qu'il vaut mieux demander le maximum pour avoir moins ; par contre, on ne peut accorder plus que le montant demandé. Le juge ne peut juger *ultra petita*. Cependant, si nous étions satisfaits au-delà du principe, les sommes accordées au demandeur et à son enfant ont paru modestes, soit 5 000 $ en dommages au demandeur ès-qualité de tuteur à son fils et

4 576,38 $ au demandeur personnellement, avec intérêts à compter de l'assignation et les dépens.

Il serait trop long de citer le jugement au texte, mais on peut le résumer comme suit : Il ressort de la preuve que l'enfant souffrait d'ydrocéphalie dès sa naissance, mais que son état général était bon. À l'hôpital Sainte-Justine de Montréal, un médecin déconseilla l'intervention chirurgicale. Son diagnostic était une hydrocéphalie non communicante inopérable.

Il est assez difficile de comprendre, a dit le juge, comment des parents soucieux du sort de leur enfant aient pu conserver aussi longtemps leur confiance en des traitements qui en aucun temps n'ont pu améliorer le sort de l'enfant, ni réduire son hydrocéphalie qui, bien au contraire, a progressé pendant toutes ces années, soit environ sept ans.

Au début, expliqua la mère, le chiropraticien leur dit que la grosse tête de l'enfant avait pour cause le blocage de certains conduits dans sa tête et que ça prendrait des mois, mais que ça reviendrait avec de la manipulation ; il lui faisait même palper certains conduits ; il leur cita le cas de son propre enfant, dont la tête avait été dans un état pire que celui du fils du demandeur mais qu'il avait réussi à le guérir ; il leur a montré son enfant qui, aurait-il dit, avait le crâne défoncé. Il les convainquait toujours qu'il y avait progrès, que les médecins ne pouvaient rien faire et qu'ils devaient aller le voir régulièrement. Après avoir raconté l'incident de la grave crise d'épilepsie qui a ouvert les yeux aux parents, le juge mentionne que le défendeur, il va sans dire, n'avait pas la même version que le demandeur et son épouse.

D'après le chiropraticien, l'enfant avait la mort dans le visage lorsqu'il lui fut amené ; il ne bougeait pas du tout. Il décida de lui faire des manipulations, pour qu'il puisse manger avec appétit. Il prétendit n'avoir pas remarqué que l'enfant avait la tête grosse. Cependant, questionné par les avocats, le défendeur fut contraint de faire plusieurs admissions concernant les visites de l'enfant à son bureau et les traitements qu'il lui avait donnés pendant plusieurs années. Enfin, il spécifia qu'il ne connaissait pas du tout cette maladie, l'hydrocéphalie. Ensuite, il prétendit que l'application des feuilles de chou sur la tête de l'enfant avait pour effet d'activer la circulation et de maintenir une chaleur continuelle sur la nuque et de dissiper l'infection. Du même souffle, il déclara que ce n'était pas sur la tête qu'il travaillait, mais qu'il voulait seulement le garder en santé. Il n'a pris aucune radiographie, n'a pris connaissance d'aucun rapport médical; il ne pesait jamais l'enfant et ne lui a donné aucune diète. L'on sait que, par la suite, le défendeur fut condamné pour pratique illégale de la médecine.

Il ressort donc clairement des témoignages que le défendeur, pendant plus de sept ans, a exercé illégalement la médecine à intervalles réguliers sur la personne de l'enfant. En transgressant la loi, il commettait une faute pénale, mais aussi une faute civile qui entraîne responsabilité sous l'article 1053 C.C. Il n'a pas agi de bonne foi. Il a abusé de la naïveté des parents. Les traitements qu'il a donnés, ajoute le juge, n'étaient nullement en accord avec la science médicale, même pas en accord avec la chiropractie, que la loi définit (ch. 56 des Statuts de 1973): « Tout acte qui a pour objet de pratiquer des corrections de la colonne vertébrale, des os du bassin ou des autres articulations du corps humain à l'aide des mains. »

Ici, le juge déclare: « Bref, la preuve ne laisse aucun doute que le défendeur, pendant environ sept ans, s'est conduit comme un charlatan, terme qui, dans son sens figuré, signifie 'un médecin ignorant et imprudent, un imposteur' qui a exploité la crédulité du couple... Sa faute est délictuelle et contractuelle et il doit aux parties les dommages qui en ont été la conséquence. »

Le juge accorde donc au demandeur personnellement la somme de 1 558,32 $ pour frais de voyages, 1 208 $ en remoursement des montants payés au chiropraticien, incluant les médicaments. Quant à la perte de temps, le juge croit qu'une somme de 1 510 $ paraît raisonnable. C'est ainsi que les dommages alloués au demandeur personnellement forment un total de 4 576,32 $.

En ce qui concerne la réclamation pour incapacité permanente du demandeur pour son enfant, le juge la rejette en bonne partie parce que le défendeur n'aurait pas été la cause de cette triste maladie. De plus, dit-il, il ne semble pas que le défendeur ait empêché la guérison ou le rétablissement de l'enfant.

Il restait à décider si le comportement du défendeur avait été la cause qu'une opération, possiblement avantageuse, n'a pas été tentée sur l'enfant. Dans leurs longs témoignages, certains médecins spécialistes dirent qu'une opération au cerveau aurait pu apporter une très légère amélioration impossible à évaluer en pourcentage. Un neurochirurgien aurait tenté l'opération, mais ce n'aurait pas été la seule; il en aurait fallu d'autres par la suite, vu que le tube plastique employé ne va pas grandir avec l'enfant. Cette opération a pour résultat d'améliorer le confort, d'éviter la douleur et a un avantage esthétique; il n'est pas certain qu'il y aura succès au point de vue mental, mais il y a seulement une possibilité. Le spécialiste admet aussi qu'il y avait des possibilités d'aggravation de son cas par l'opération. Somme toute, il est fort douteux que l'exécution de l'opération n'ait pas eu lieu par la faute du défendeur.

Cependant, selon le juge, il n'est pas douteux que le fait de soumettre l'enfant, pendant sept ans, à des traitements inutiles et répétés, ennuyeux et parfois douloureux, aient été pour lui une source d'inconvénients et d'ennuis dont il a sûrement souffert, même si dans le jeune âge, il pouvait plus ou moins en ressentir ou exprimer toute l'étendue. Tenant compte, ajoute le juge, suivant la preuve, de tous les inconvénients, ennuis, retardements, inconforts, souffrances (sans oublier les brûlures de la thermothérapie), perte de chance d'une minime amélioration dont le défendeur a pu être la cause, je crois juste d'évaluer à 5 000 $ les dommages résultant à l'enfant. Il ajouta en terminant : « Ce montant peut paraître chiche en comparaison de l'énormité de la réclamation et de la totale incapacité de l'enfant, mais ce n'est pas une raison pour exagérer la responsabilité du défendeur. » Finalement, la Cour condamne le défendeur à payer au demandeur ès-qualité de tuteur à son fils, la somme de 5 000 $ en dommages et au demandeur personnellement 4 576,32 $; le tout avec intérêts depuis l'assignation et les dépens.

Quant à nous, ce montant total de 9 476,32 $ ne nous paraissait pas très élevé, mais le succès était là quand même, et le principe était sauf. Enfin, cette cause a peut-être aidé les gens à comprendre la différence entre un médecin et un chiropraticien.

(Cette cause a été rapportée dans plusieurs journaux, dont *Allô Police*, *Montreal Star*, et autres.)

UN CHARLATAN SE FAIT PRENDRE

Si je n'avais pas perdu des centaines de dossiers dans deux déménagements, je serais mieux en mesure de raconter l'histoire qui va suivre, mais j'essaierai quand même de me rappeler le mieux possible ce qui est arrivé à un citoyen de notre région.

En plus de son métier de mineur, M. L... avait trouvé le moyen de pratiquer une forme de sorcellerie destinée à guérir toutes les maladies. Cette activité lui rapportait parfois des sommes assez appréciables. Ainsi, muni d'un petit livre appelé *Le Petit Henri*, dont j'avais un exemplaire, il avait traité une jeune fille souffrant de neurasthénie et d'anorexie, par conséquent de faiblesse chronique. Ce livre, dont l'origine remontait au Moyen Âge, traitait de croyances surprenantes concernant un grand nombre de maladies et indiquait les remèdes appropriés dans chaque cas. Ces remèdes, aussi farfelus les uns que les autres, étaient destinés à la consommation par des gens ignorants et crédules, à un point difficile à croire aujourd'hui, et même dans un lointain passé.

Notre homme avait donc entrepris de soigner cette jeune fille. Après avoir capté sa confiance, à un point incroyable, il multiplia ses manoeuvres et la rendit plus malade de jour en jour. Il lui prescrivait des remèdes comme celui-ci par exemple : elle devait sortir avec lui dans la nuit, aller se placer sous un grand arbre, mettre une roche dans une chaudière, avec un crapaud et de l'urine d'un animal domestique, et faire bouillir le tout sur un feu de bois, à l'heure de la peline lune, en disant des paroles cabalistiques comme « abracadabra », ou une autre formule aussi curieuse. Cette cérémonie pouvait varier, selon le caprice du metteur en scène fort habile et convaincant qu'était M. L... Un vrai scénario d'opérette, selon Francis Lopez.

Au bout d'une période d'environ deux ans, notre charlatan avait extorqué près de 4 000 $ à la pauvre fille, au grand désespoir de ses parents qui s'opposaient à ces agissements mais qui, d'autre part, voulaient la guérison de leur fille.

Enfin, son jeu ayant été découvert, l'homme fut accusé de fraude et d'extorsion, crime punissable d'un maximum de dix ans au pénitencier... Il me confia sa défense. Qu'on imagine mon embarras lorsqu'il me demanda de tenter d'obtenir son acquittement! Mais bientôt, sur mon conseil, il comprit la gravité de sa situation et il accepta de plaider coupable quand je lui promis de plaider sur la sentence. Mon seul argument était basé sur les croyances populaires du Moyen Âge, alors que les folies superstitieuses avaient cours de notoriété publique. Je suggérai aussi à mon client d'accepter de payer à la jeune fille, victime malheureuse, une somme de 5 000 $ qu'elle lui réclamait en remboursement et en dommages-intérêts. Il le fit avec empressement. Vu les circonstances, le juge le condamna à une peine relativement légère.

Si ma mémoire est bonne, la jeune fille retrouva la santé par la suite, débarrassée de celui qui l'avait si cruellement tyrannisée pendant longtemps.

LA PRISON

À plusieurs reprises, j'ai dû me rendre à la prison pour rencontrer des clients. En plus du pénitencier Saint-Vincent-de-Paul, près de Montréal, je suis allé aux prisons de Bordeaux, de Québec, de Saint-Joseph-de-Beauce, de Sherbrooke, d'Arthabaska, et autres, sans compter les cellules de Thetford Mines, de Plessisville, de Black Lake, etc.

Ces visites m'ont toujours fait réfléchir, surtout lorsque les patients de ces institutions carcérales étaient des jeunes qui se trouvaient privés de leur liberté et punis parce qu'ils ne pouvaient s'adapter aux conditions de la vie de notre société. Ces individus sont-ils des faibles, me demandais-je, sont-ils méchants, ou sont-ils des victimes? Qui sait?

Un homme assez âgé, bâti comme Hercule, vint me voir. Récidiviste, il m'a fait pitié. Comme le système de l'Aide juridique n'était pas encore institué, je me sentais moralement contraint de prendre sa défense, même s'il était sans le sou. Il était accusé de vagabondage, de méfait public, de vol, etc. C'était un homme fort qui causait des problèmes partout où il passait.

Que fallait-il faire? Je tentai un effort désespéré pour le remettre dans le droit chemin. Après avoir longuement exposé devant le juge la situation pénible de mon client, je dis:

— Votre Seigneurie, je défends cet homme gratuitement, parce que je me rends compte qu'il peut bénéficier aujourd'hui d'une dernière chance si, comme moi, vous vous apitoyez sur son malheureux sort. Ai-je besoin de vous dire qu'il a eu une enfance malheureuse, une mère indigne et un père ivrogne? Pour une fois, au lieu de le comdamner à la prison, où il est allé si souvent, je vous supplie de lui accorder une sentence suspendue.

Et je demandai à l'accusé:

— Devant cette Cour, promettez-vous solennellement de vous conduire à l'avenir comme un homme et non plus comme un voyou? Monsieur ..., promettez-vous, sincèrement de vous comporter normalement à compter de ce jour?

L'accusé promit avec des larmes dans la voix, et le juge lui fit ses recommandations, ajoutant que s'il revenait devant lui il ne bénéficierait plus de sa clémence. J'étais content d'avoir fait mon devoir.

Hélas! À peine deux mois plus tard, l'homme était de nouveau arrêté. Il avait tout cassé dans un restaurant, avait battu deux ou trois personnes, dont une serveuse et un client. Il n'est pas revenu me demander de le représenter en Cour, et il prit le chemin du pénitencier.

CAUSES
SOCIALES
ET POLITIQUES

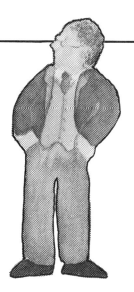

L'AFFAIRE DES SIX

En revenant de plaider à Sherbrooke, un appel de Québec m'attendait. C'était le docteur Guy Marcoux, député du comté de Québec-Montmorency pour le parti du Ralliement créditiste à Ottawa. Il avait reçu une action de 4 999 $ en libelle diffamatoire. Le demandeur était Raymond Langlois, député créditiste de Mégantic. Le docteur Marcoux me proposait d'assumer sa défense. La cause me paraissant très intéressante, mon acceptation ne se fit pas attendre. Incidemment, j'étais quelque peu flatté d'avoir été choisi de préférence à un avocat de Québec. Quelques jours plus tard, mon nouveau client me mettait au courant des événements qui avaient provoqué cette procédure judiciaire.

Disons tout de suite que je n'avais pas encore eu le temps de préparer ma défense lorsque le docteur Marcoux reçut une seconde action, au montant de 40 000 $ cette fois, de Robert Beaulé, ex-député fédéral de Québec-Est. J'acceptai également de défendre le docteur Marcoux dans cette nouvelle cause.

Aussi succinctement que possible, voici les principaux faits qu'il importe de raconter pour l'intelligence de cette affaire qui a fait beaucoup de bruit à l'époque.

Le soir des élections fédérales de 1963, on se rendit compte qu'aucun parti ne pouvait gouverner seul. Les deux grands partis, dirigés par les honorables John Diefenbaker pour les conservateurs et Lester B. Pearson pour les libéraux, se voyaient incapables de former un gouvernement sans l'appui de plusieurs autres députés, soit du Ralliement créditiste, soit du Nouveau Parti démocratique. En fait, le Parti libéral remportait 129 sièges, alors que la majorité absolue était de 133. Les progressistes conservateurs obtenaient 95 sièges, les créditistes 24 et les néo-démocrates 17.

Ainsi, avec l'appui de quatre autres députés, les libéraux n'auraient pu s'assurer une majorité absolue, si l'on tient compte du fait que le président de la Chambre aurait été choisi parmi eux. Il leur fallait donc l'appui ferme et constant d'au moins cinq députés de l'opposition pour être en mesure de compter sur une majorité très faible, mais suffisante pour gouverner pendant un certain temps.

Quatre jours plus tard, six députés créditistes se réunirent à la hâte et signèrent dans la nuit une déclaration qu'ils firent parevenir au Gouverneur général du Canada. Aux termes de cette déclaration, ils s'engageaient à soutenir fermement un gouvernement libéral dirigé par M. Pearson, de façon à lui procurer une majorité au Parlement. En voici un extrait significatif : « Nous annonçons publiquement être prêts à donner notre appui à un gouvernement libéral dirigé par monsieur Pearson, nous croyons que le plus grand intérêt du peuple canadien consiste à maintenir un gouvernement stable capable d'agir avec assurance pour régler les graves problèmes intérieurs et extérieurs auxquels notre pays fait face. »

Fait intéressant, les « Six » avaient ajouté à la fin de leur déclaration le paragraphe suivant : « Si toutefois il se présente devant la Chambre une motion concernant les armes nucléaires, nous nous réservons le droit d'un vote selon notre conscience. » Les signatures étaient celles des députés suivants : Gérard Perron (Beauce), Pierre-André Fortin (Dorchester), Raymond Langlois (Mégantic-Frontenac), Gilbert Rondeau (Shefford), Lucien Plourde (Québec-Ouest) et Robert Beaulé (Québec-Est).

Ce document portait aussi la signature d'Alexandre Bertrand, vice-président provincial du parti du Crédit social, qui affirma sous serment que lesdites signatures des députés étaient authentiques. Le commissaire de la Cour supérieure était Moïse Darabaner, un nom bien connu dans les milieux judiciaires de Québec.

Pour incroyable qu'elle parût, cette nouvelle d'un appui au Parti libéral souleva un intérêt considérable dans tous les journaux du pays et la réprobation des gens contre le geste des « Six ». Quant au docteur Marcoux, il entreprit des démarches pour connaître la vérité. Il voulait savoir la raison véritable de leur conduite surprenante.

À l'approche des élections de 1965, croyant avoir trouvé des preuves suffisantes, il publia une brochure intitulée : *Dans le même sac / Moïse Darabaner / Les six caouettistes / La haute finance / Le Parti libéral / Et d'autres.*

Le Dr Marcoux y écrivait en substance que les six députés en question s'étaient déshonorés et avaient trahi le parti en vendant leur allégeance au Parti libéral. Ce pamphlet, publié à plusieurs milliers d'exemplaires, fit l'objet, tout comme la déclaration des « Six », de commentaires dans plusieurs médias d'information du pays.

Le passage le plus percutant du pamphlet était le suivant : « Lorsque j'ai su que Moïse Darabaner était poursuivi dans des cas de faillites frauduleuses et d'incendies criminels, que John Doyle et Joey Smallwood avaient trempé dans l'affaire des « Six » avec Jack Pickersgill, j'en ai conclu que les « Six » députés créditistes n'avaient pas dû se vendre pour des pelures d'oignons. Combien d'argent a-t-on mis dans cette affaire ? Le chiffre n'a pas d'importance et je n'ai pas à le fixer. Il me suffit de rappeler qu'un montant de $25,000.00 a été offert. Quoi qu'il en soit, cette AFFAIRE DES SIX, les gens honnêtes en conviendront, constitue la plus louche usurpation de pouvoir politique dans l'histoire du Canada.»

La réaction ne se fit pas attendre. Comme je l'ai mentionné plus haut, Raymond Langlois, réélu député de Mégantic-Frontenac avec une majorité réduite sur celle de 1963, intenta au docteur Marcoux une action en libelle diffamatoire au montant de 4 999 $, somme assez élevée pour l'époque. Il y alléguait qu'il était un homme honnête et intègre, qu'il avait été élu député à trois reprises et que le défendeur, en publiant cette brochure, l'avait diffamé en écrivant des faussetés, de façon malicieuse et de nature à lui faire un tort irréparable. Selon lui, les accusations du docteur Marcoux étaient entièrement dénuées de tout fondement. Cette publication, ajoutait-il, lui avait fait perdre l'appui de plusieurs de ses organisateurs, l'avait obligé à doubler ses efforts pour se faire réélire, à se servir de la radio, à multiplier les assemblées et à refaire les cadres de son organisation.

Dès la signification de l'action, les procureurs de la partie demanderesse firent paraître dans le plus important journal de la région, avec leurs photos, les nouvelles en gros titres ainsi que le texte de la déclaration accompagnant le bref d'assignation. On aurait cru, à la lecture de cet article, que la cause était gagnée d'avance pour leur client.

Avant de produire ma défense, je crus bon, par devoir et aussi pour refroidir quelque peu l'ardeur de mes adversaires, de présenter à la Cour une motion pour détails, qu'on appellerait aujourd'hui une requête pour précisions. Dans cette motion, je voulais obtenir du demandeur qu'il puisse fournir à la Cour les noms de ses organisateurs qui avaient cessé de lui fournir un précieux appui, à cause des présumés mensonges du défendeur. De plus, je voulais avoir une idée plus précise des efforts imposés au demandeur par la parution dudit pamphlet. Enfin, je demandais qu'il fût ordonné au demandeur de donner des détails additionnels concernant plusieurs paragraphes de sa déclaration.

Sachant que cette motion revêtait beaucoup d'importance, je me préparai très soigneusement, surtout en scrutant attentivement la jurisprudence sur ce point, et j'arrivai à la Cour avec une pile de rapports judiciaires où l'on pouvait trouver des décisions traitant de la quation.

Lors de la présentation de la motion, le procureur de la partie adverse, insuffisamment préparé, me laissa la partie belle. Aussi, le juge qui présidait le tribunal lui fit remarquer qu'il aurait pu faire mieux s'il avait tenté sérieusement de faire rejeter cette motion. Voici quelques extraits du jugement rendu sur la motion :

« Considérant qu'il est de jurisprudence constante que la motion pour précisions a pour but de circonscrire le litige entre les parties et d'éviter que l'une d'elles soit prise par surprise et privée des justes moyens de contredire l'autre, de même que d'empêcher que des frais et déboursés inutiles soient encourus ;

« Considérant que les personnes dont la conduite a pu contribuer à affecter le droit des parties ne sont pas de simples témoins mais des participants dont le défendeur a droit de connaître les noms. Dans les circonstances, il ne s'agit pas tant de faire dévoiler... les noms des ... témoins mais de ... faire préciser le fait générateur 'du droit qui peut influencer sur la cause' (Dorion vs Huot, 1955, R.P. 385) ;

« Considérant de plus que celui qui réclame sous divers chefs est tenu d'en préciser chacun des montants y afférents :

« La Cour, PAR CES MOTIFS ;

« Accorde la motion ;

« Ordonne au demandeur de fournir au défendeur, dans un délai de trente (30) jours du présent jugement les détails suivants :

« Quant au paragraphe 15 :

« (1) Le nombre et les noms des organisateurs qui auraient ainsi discontinué leur appui au demandeur ;

« Quant aux paragraphes 16 et 17 :

« (1) Le nombre d'émissions radiodiffusées et télévisées

a) lors de sa dernière élection, b) lors de l'élection précédente et c) lors de sa première élection ;

« Le nombre d'assemblées qu'il a tenues : a) lors de sa dernière élection, b) lors de l'élection précédente et c) lors de sa première élection ;

« Quant au paragraphe 21 :

« (1) quel est le montant des dépenses encourues par lui lors de : a) sa première élection, b) sa deuxième élection et c) lors de sa troisième élection ;

« SUSPEND les procédures jusqu'à l'expiration des trente (30) jours du présent jugement.

« Frais à suivre l'issue. »

Le demandeur ayant produit au dossier des détails que le juge trouva satisfaisants, le défendeur continua les procédures. Dans sa défense, loin de se rétracter, il choisit de prendre le risque d'aggraver la situation ; il plaida la vérité des accusations qu'il avait proférées dans sa brochure. Il nia que le demandeur fût un honnête homme ; et non seulement il répéta ses accusations mais il renchérit, alléguant sa propre bonne foi. Ensuite, le Dr Marcoux plaida l'intérêt du public à être renseigné sur des faits d'importance nationale et capitale. Par la publication de cette brochure, disait-il, il s'était rendu utile à ses concitoyens et à sa patrie. En outre, il ajoutait d'autres particularités ; entre autres, il donnait les noms des deux personnes qui avaient préparé le document à être soumis au Gouverneur général et ceux des politiciens qui s'étaient chargés de transmettre ledit document à qui de droit. Enfin, il alléguait que, si le demandeur avait subi une perte de prestige, la compromission de sa réputation et la privation de la confiance de ses concitoyens, cela était dû à ses propres agissements et nullement à la publication du pamphlet qui avait donné naissance à ce litige. En conséquence, il demandait le rejet de l'action, avec dépens.

Par la suite, j'inscrivis cette cause pour enquête et audition devant la Cour. Mais Raymond Langlois partit pour le Mexique et, après un délai de plus de deux ans, je produisis une requête pour péremption d'instance, et l'action fut rejetée avec dépens.

Je me rendis bien compte, à ce moment-là, que la motion pour détails que j'avais proposée avant de produire ma défense avait eu une influence considérable sur l'issue de cette cause. D'abord, lors de sa présentation, le juge n'avait pas été tendre pour le procureur de la partie adverse, insuffisamment préparé, de sorte que l'ardeur du jeune procureur et de son client en fut diminuée ; ensuite, cette procédure avait eu pour effet de leur montrer combien il est difficile d'obtenir rapidement le succès tant désiré.

Cependant, Robert Beaulé continuait les procédures sur son action de 40 000 $.

Préparation de la cause

Plusieurs difficultés se présentaient pour la préparation de l'enquête. Tout d'abord, comment choisir les témoins qui pourraient être en mesure de dire que les « Six » s'étaient réellement vendus, et pour quelle somme d'argent ? Je ne doutais pas de la parole de mon client, comme tout avocat doit le faire jusqu'à un certain point, mais qui pourrait ou même voudrait corroborer les affirmations plutôt osées qu'il avait faites dans son pamphlet ? Nous n'étions pas sans savoir que la plupart, sinon tous les intéressés, ne seraient pas disposés à parler. De plus, il fallait tenir compte du fait que plusieurs étaient impossibles à rejoindre et même introuvables.

Raymond Langlois était au Mexique à ce moment-là. Il est vrai qu'il aurait été un mauvais témoin pour nous, mais j'aurais pu espérer le confondre dans mon interrogatoire.

Hubert Ducharme, avocat de Montréal, qui avait présumément rédigé la déclaration d'allégeance des « Six » au Parti libéral, n'était plus au Canada.

Quant à John Doyle qui, d'après le Dr Marcoux, aurait joué un rôle important dans le financement de cette affaire louche, il était introuvable, car il se déplaçait souvent de Terre-Neuve à l'étranger. D'ailleurs, il n'aurait sans doute pas été un bon témoin, étant mêlé à plusieurs affaires douteuses.

Joey Smallwood, premier ministre de Terre-Neuve, était impossible à atteindre. Enfin, nous avons pensé à Moïse Darabaner, qui se trouvait au pénitencier Saint-Vincent-de-Paul, près de Montréal. Comme il avait, à titre de commissaire de la Cour supérieure, assermenté la signature d'Alexandre Bertrand, pour les « Six », je suis allé le voir au pénitencier, pour savoir si l'on pourrait en tirer quelque chose. Peine perdue : il admit bien connaître tous les événements survenus à Québec concernant cette affaire, mais il me déclara tout net qu'il nierait tout allégué relatif à une somme d'argent offerte aux « Six » ou acceptée par eux à cette occasion. Dans ces conditions, je jugeai bon, d'accord avec mon client, de ne pas demander la permission de le faire sortir du pénitencier pour témoigner.

En ce qui concerne les signataires eux-mêmes de ladite déclaration, outre Gilles Grégoire, très important dans le parti, et Réal Caouette, chef du Ralliement des créditistes, qui avait remplacé le parti du Crédit social, nous ne nous faisions pas d'illusions ; ils ne parleraient pas.

En somme, le temps avait déjà joué contre nous. La cause étant entendue environ quatre ans après les événements, les témoins avaient beau jeu pour affirmer qu'ils ne se souvenaient de rien.

Pourtant, l'importance de cette cause n'échappait à personne. Beaucoup de gens suivaient le déroulement des procédures et attendaient avec intérêt, et pour certains avec anxiété, l'issue du procès.

Pour revenir aux témoins, je prévoyais être obligé d'aller à la pêche lors des interrogatoires, car bien peu d'entre eux paraissaient disposés à nous aider à faire la lumière sur les événements de 1963 et de 1965.

Dans les jours précédant l'ouverture du procès, j'avais entendu dire − je ne sais trop par qui − qu'un homme de Montréal pouvait m'apporter de précieuses informations concernant les agissements de certains individus qui auraient servi d'intermédiaires dans cette affaire, mais nos tentatives pour obtenir des renseignements suffisants durent vains.

Le matin de la première journée d'audience, je reçus un appel téléphonique d'un Montréalais dont le nom m'était inconnu. Il prétendait connaître des faits de nature à m'aider à confondre les témoins qui nous étaient défavorables ; mais pour obtenir des détails, il fallait le payer grassement. Je n'ai jamais su s'il était sérieux ou s'il s'agissait d'une fumisterie. De toute façon, n'ayant jamais été intéressé à acheter des témoins, je n'étais pas pour commencer ce jour-là. Cependant, fort d'une analyse très sérieuse de la situation et surtout de la conviction du Dr Marcoux, je me présentai à la Cour, confiant et déterminé.

L'enquête

C'était le juge en chef Frédéric Dorion qui présidait le tribunal. Le procès dura deux jours. Un grand nombre de témoins furent entendus à l'enquête. J'avais assigné les six députés, sauf Raymond Langlois, dont on ne connaissait plus l'adresse. Ainsi, le demandeur Beaulé, Boutin, Plourde, Perron et Rondeau, de même que Gilles Grégoire, durent répondre à mes questions. Quant à Me Hubert Ducharme qui, selon mon client, aurait rédigé la fameuse déclaration, on découvrit qu'il se trouvait dans un hôtel de Panama.

La cause s'avéra difficile, d'autant plus que l'honorable juge Dorion déclara dès le début, et répéta à plusieurs reprises, qu'il n'entendait pas nous laisser faire de la politique et qu'il désirait limiter les témoignages aux faits pertinents seulement, à l'exclusion des opinions. En conséquence, il maintint de nombreuses objections de nature à nous empêcher de faire une preuve satisfaisante, du moins à nos yeux. Tout en admettant que le juge avait raison selon les règles strictes du Code de procédure civile, j'argumentai qu'il s'agissait d'une cause un peu spéciale, où la politique se trouvait partout, du début à la fin. Ainsi, ayant à interroger des témoins avisés, comme Gilles Grégoire, Gilles Rondeau et plusieurs autres de même calibre, il fallait interpréter les articles du Code d'une façon un peu plus large, mais rien n'y fit. En fait, je réussis surtout à prouver que la déclaration des «Six», en avril 1963, avait probablement fait plus de tort au demandeur que le pamphlet du défendeur. En outre, je crois avoir démontré à la satisfaction du juge que cette affaire de déclaration d'appui au Parti libéral était surprenante, sinon vraiment louche. D'ailleurs, le demandeur lui-même l'avait qualifiée d'infâme lorsqu'il l'avait retirée deux ou trois jours après l'avoir signée.

En somme, l'excellent juge Dorion, dans son désir de limiter les témoignages au strict minimum, et pour éviter que l'enquête ne soit trop longue, ne me donna pas beaucoup de chance.

Les plaidoiries

Cependant, le juge écouta les plaidoiries avec une grande attention, surtout le mien, parce que nous avions le fardeau de la preuve. Il était admis que les accusations du docteur Marcoux étaient graves; mais il fallait établir qu'elles avaient été publiées dans l'intérêt public et de bonne foi.

Nos arguments, en résumé, étaient les suivants : même si nous n'avions pu produire qu'un seul témoin qui avait entendu parler d'un montant d'argent offert pour la signature du document qui avait servi de base à toute cette affaire, témoignage d'ailleurs rejeté en partie sur objection de mon confrère, nous étions en présence d'une affaire douteuse, et le Dr Marcoux avait raison de vouloir aller au fond des choses. En second lieu, nous prétendions que le demandeur était lui-même responsable de son propre malheur. En effet, dès la publication dans les journaux de la déclaration des « Six », les réactions dans le public et même parmi les partisans, avaient été violentes. On se demandait pourquoi, après avoir combattu les libéraux avec acharnement lors de la campagne électorale précédant le 8 avril 1963, les « Six » avaient décidé, quelques jours plus tard, de s'engager solennellement à appuyer ce même parti d'une façon officielle, publique et non équivoque.

Comme argument additionnel, j'exprimai l'opinion que, si le défendeur avait écrit dans son livre que le demandeur, faisant partie du groupe des « Six », avait vendu son soutien au Parti libéral, c'est parce qu'il avait des motifs raisonnables de croire que ses allégations étaient vraies. Il avait agi dans l'intérêt public, de bonne foi, comme un bon citoyen doit le faire quand il constate que certains hommes publics ne font pas leur devoir ou commettent une erreur tragique. Il ne devait pas être puni pour son excès de zèle. Après tout, il s'agissait, quoi qu'on en dise, de gestes de nature politique, comme on en a déjà vu dans d'autres campagnes électorales chaudement menées.

Dans ma liste de causes citées, je mentionnai *Bouchard vs Chartier*, 31 Cour supérieure, dont voici un extrait à la page 536 : « La réputation doit, comme sa conscience, être à l'abri de toute persécution, de toute attaque, de toute contrainte, [...] mais à côté de ce principe, sauvegarde des intérêts privés les plus sacrés, il en existe un autre qu'on ne saurait, non plus, jamais proclamer trop haut, c'est que le peuple a droit, je dirai le devoir, de connaître tout ce qui peut l'aider à se former une opinion plus saine et plus juste des hommes qu'il doit choisir pour le représenter dans les différents conseils de la nation. »

J'ai également cité un extrait de *L. vs Les Editions de la Cité Inc.*, 1960 Cour supérieure, p. 493 : « Ce n'est que dans le le cas où, d'actes ou de faits qui se sont véritablement produits, l'auteur de l'article pouvait raisonnablement tirer les conclusions auxquelles il en est venu, que la défense de bonne foi et d'intérêt public peut être accueillie, même si les conclusions, en fait, étaient erronées. [...] Il n'y a pas de doute qu'en la présente cause, le défendeur a agi de bonne foi et dans ce qu'il consirait d'intérêt public.»

Vu les circonstances, et pour les raisons mentionnées cihaut, je demandai, au nom du défendeur, le rejet de l'action du demandeur, avec dépens.

Le jugement

Dans son jugement, l'honorable juge Frédéric Dorion exprima l'avis que la défense n'avait pas réussi à prouvé ses allégués, face aux graves accusations contenues dans la brochure publiée par le défendeur en milliers d'exemplaires. Il maintint donc l'action du demandeur, avec intérêts et dépens, mais il n'accorda à ce dernier que la somme de 500 $ en dommagesintérêts. Je considère que ce montant était minime, comparé à la demande de 40 000 $. Citant un auteur français, le juge écrivit : « Les hommes politiques peuvent évidemment, en raison de leur rôle et du caractère de la mission qu'ils poursuivent, être librement discutés, mais ce droit de discussion et de censure n'est pas absolu.»

Le savant juge décida qu'il y avait eu diffamation, car les accusations du défendeur n'avaient pas été prouvées. Celui-ci, ajouta-t-il, a sans aucune doute dépassé son droit de critique par la publication de ce pamphlet, et la preuve a démontré que le demandeur a subi un préjudice sérieux. Cependant, il considérait que les dommages subis par le demandeur étaient des dommages généraux et qu'aucun dommage spécial n'avait été prouvé.

Pour ma part, je constatai avec plaisir que la somme de 500 $ n'était pas très élevée dans les circonstances, mais, par ailleurs, j'estimai que notre défense opiniâtre avait découragé les autres des « Six» qui auraient été tentés de prendre des procédures judiciaires contre mon client.

DYNAMITAGE ET DROITS DES CITOYENS

La région de Thetford est bien connue pour ses mines d'amiante, dont l'extraction du minerai se fait sous terre et à ciel ouvert. Or, la compagnie Asbestos Corporation Ltd. possède, ou du moins possédait jusqu'à tout récemment, l'une des plus grosses entreprises minières du monde. À Thetford, son exploitation avait creusé un immense trou où, tous les jours, on dynamitait de grandes quantités de terre et de roche, de sorte que le trou s'agrandissait continuellement vers la ville. Vint un jour où les dynamitages se faisaient de plus en plus près des maisons du quartier Saint-Maurice, où se trouvaient le presbytère et l'église de la paroisse. Les résidents de nombreuses maisons avoisinant la mine à ciel ouvert s'alarmaient. Plusieurs explosions qui se rapprochaient de plus en plus avaient projeté de gros cailloux sur les maisons et une roche de plus d'un pied de diamètre avait défoncé le toit du presbytère pour s'abattre dans la cuisine. D'autres projectiles avaient cassé les vitres et brisé les murs de plusieurs habitations.

La situation allait s'aggravant de jour en jour, mais le problème était difficile, voire même presque insoluble.

La compagnie Asbestos avait absolument besoin d'agrandir le champ de ses opérations, mais elle ne pouvait plus continuer ses dynamitages sans danger pour les propriétaires riverains. Elle commença par acheter, puis faire démolir l'église de Saint-Maurice ainsi que le presbytère, mais les citoyens affectés par les dynamitages ne voulaient pas partir sans un règlement satisfaisant, y compris une indemnisation. Ces gens avaient des baux emphytéotiques pour une période prolongée dont le terme n'était pas encore échu, et ils réclamaient le respect de leurs droits.

De son côté, la compagnie minière leur disait : « Vous pouvez vous en aller si vous voulez, vous êtes libres, mais votre bail emphytéotique ne prévoit aucune compensation pour vous au cas de départ.» À cela, les propriétaires intéressés répondaient en demandant le prix de leurs maisons, plus le paiement des dommages subis et une indemnité de départ. Sans l'acceptation de ces conditions, ils resteraient sur place.

Quant aux autorités municipales, elles étaient également en mauvaise posture. Au Conseil, on avait passé un règlement pour fermer certaines rues ; mais pour celle où habitaient les demandeurs, la Cité ne pouvait l'appliquer sans causer un grave préjudice aux citoyens.

Que fallait-il faire? L'opinion publique et surtout les nombreux employés de la compagnie craignaient que celle-ci ne fermât la mine, faisant du coup des centaines de chômeurs. D'un autre côté, ils comprenaient bien que la situation précaire de leurs confrères ne pouvait durer.

Alors un groupe se forma, parmi les plus courageux et les déterminés, qui commença à exercer des pressions auprès de la Cité et de la compagnie. Cependant, comme rien ne bougeait et que la pluie de roches continuait à s'abattre sur les maisons, plusieurs propriétaires vinrent me trouver pour tenter d'obtenir le secours dont ils avaient un urgent besoin.

Un épicier faisait partie du groupe. Il se lamentait continuellement. Son établissement, qui se trouvait à deux ou trois cents pieds de l'immense cavité où l'on dynamitait, voyait sa clientèle diminuer de jour en jour. Malade de peur, il montrait à tous es clients les cailloux qui tombaient sur son toit, mais il ne faisait rien. D'autres malheureux habitants des alentours avaient organisé des délégations au Conseil de ville, et ils avaient écrit au maire, aux échevins et à la compagnie, mais sans aucun succès. Ils voulaient prendre des procédures, mais plusieurs hésitaient de peur des représailles.

Pendant ce temps, les défenderesses hésitaient et tergiversaient. Un programme de déménagement et de relocalisation de 750 maisons du quartier Saint-Maurice était alors en cours, avec la collaboration pécuniaire du gouvernement du Québec, de la Cité de Thetford et de l'Asbestos Corporation. Finalement, huit propriétaires suivirent mes conseils. Je leur avais dit que seules des procédures judiciaires pouvaient provoquer le dénouement de la crise. Aussi, fort de leur détermination, je pris huit actions en dommages-intérêts, avec requêtes en injonction contre la Cité de Thetford Mines et contre la puissante compagnie minière. Voici quelques-uns des allégués de ma déclaration:

« Art. 2 — Il reconnaît que le développement économique de la cité de Thetford Mines et le bien-être de la grande majorité de ses habitants sont liés à l'exploitation des mines d'amiante situées dans ladite cité ;

« Art. 5 — Cependant, la situation s'aggrave rapidement de jour en jour, et il ne peut plus tolérer les agissements de la défenderesse (la compagnie Asbestos Corp. Ltd.);

«Art. 13 — ... ladite compagnie s'est engagée à permettre au preneur emphytéotique [propriétaire] déplacé de retenir la bâtisse pour laquelle il aurait été payé et à lui fournir un autre terrain sur la propriété de la compagnie pour la reconstruction et la relocalisation de sa maison ;

«Art. 34 — Pendant ce temps, la défenderesse Asbestos Corp. Ltd. continue ses travaux d'exploitation minière d'une façon dangereuse pour le demandeur, particulièrement à cause du dynamitage quotidien qu'elle pratique continuellement le jour et même la nuit ;

«Art. 38 — Les défenderesses ont certainement des droits, mais elles en abusent au détriment du demandeur ;

«Art. 39 — Comme exemple de cet abus, l'église et le presbytère de la paroisse Saint-Maurice ont été incendiés vers trois heures, dans la nuit du 9 mai dernier, ajoutant aux alarmes du demandeur et de sa famille, dont la maison est située à une proximité inquiétante, à savoir la première près de l'église ;

«Art. 44 — Pendant ce temps, la compagnie minière défenderesse continue d'une façon dangereuse ses oppérations de minage et de dynamitage, provoquant presque quotidiennement des explosions puissantes et souvent des volées de pierres sur la maison et le terrain du demandeur ; une telle explosion particulièrement dévastatrice a eu lieu le 16 mai 1969, vers 4 heures de l'après-midi ;

«Art. 45 — Ces travaux de minage et de dynamitage sont faits sans précautions suffisantes et sans égard à la sécurité des personnes et de choses, et cela constitue un danger continuel troublant le demandeur dans la jouissance paisible de sa propriété.»

Après avoir réclamé des défenderesses conjointement et solidairement des milliers de dollars en dommages-intérêts, les demandeurs présentèrent une requête en injonction dans laquelle ils réclamaient que la Cour ordonne aux défenderesses de :

— cesser de disposer ou de tenter de disposer par des ententes mutuelles ou chacune de son côté, des intérêts légitimes, des droits, de la propriété et de l'avenir même du demandeur, sans consentement et même à son insu ;

— cesser toutes mesures dilatoires, toutes tergiversations, toute recherche de prétextes et d'excuses pour retarder le règlement du problème aigu de la situation grave et alarmante du demandeur ;

— régler ce problème de la résidence, du déménagement et de la relocalisation du demandeur sans délai, en entreprenant immédiatement des négociations avec lui dans le sens des termes du règlement nᵒ 710 de la Cité défenderesse, des ententes entre les défenderesses et des promesses faites au demandeur ;

— ordonner à la défenderesse, la Cie Asbestos Corp. Ltd., de cesser tout dynamitage dangereux à proximité de la propriété du demandeur, tant et aussi longtemps que son problème ne sera pas réglé définitivement et qu'il n'aura pas quitté les lieux ;

— condamner les défenderesses conjointement et solidairement à payer au demandeur la somme de ... en dommages-intérêts ; le tout sous les peines que de droit et avec dépens contre les défenderesses conjointement et solidairement ...

Inscrites au rôle de pratique pour enquête et audition, les requêtes en injonction devaient être entendues à la fin de mai, mais elles furent ajournées au milieu de l'été. Il faisait tellement chaud ce jour-là que nous eûmes la permission d'enlever nos toges. Dans cette salle du deuxième étage de l'hôtel de ville de Thetford Mines, on n'avait pas encore installé l'air climatisé, et la salle était remplie à craquer. L'atmosphère était lourde. Mes clients craignaient un insuccès qui leur aurait valu de graves ennuis et une note de frais considérable peut-être. Dans la salle, les spectateurs, on le sentait bien, nous étaient favorables, mais on avait peur d'un coup de force de la part de la compagnie minière. De leur côté, les représentants des défenderesses et leurs procureurs paraissaient confiants. Pour ma part, j'étais prêt à commencer la bataille.

Dès le début de l'audience, on s'aperçut que le juge était mal à l'aise ; manifestement il aurait préféré se voir ailleurs. Comme je l'avais bien prévu, il avait été grandement influencé par l'argument principal de la défense : si l'injonction était accordée, on ne pourrait plus dynamiter, et ce serait la catactrophe ; la compagnie devrait fermer la mine et mettre plus de 700 hommes au chômage. Alors, en voyant cette attitude qui nous était défavorable, j'ai décidai de ne pas attendre le plaidoyer de la fin pour frapper à grands coups.

Après avoir appelé plusieurs témoins, je leur fis produire des articles de journaux avec photographies montrant l'aspect tragique de la situation et, surtout, je leur fis montrer comme exhibits des roches d'une grosseur impressionnante qui étaient tombées sur les maisons de mes clients, et qui auraient pu tuer des gens. Au presbytère, comme je l'ai déjà dit, une roche d'environ un pied de diamètre avait défoncé le toit et était tombée sur la table de la cuisine.

La Cité de Thetford Mines était représentée par son avocat, mais ce dernier laissa plutôt aux avocats d'un grand bureau de Montréal le soin de plaider pour la compagnie minière et de procéder à une défense ferme, appuyée sur des données techniques. En effet, les experts de la compagnie, au moyen d'un traité sur le dynamitage, prétendirent qu'il n'était pas possible de dynamiter avec des charges de peu d'importance, si l'on voulait continuer les opérations normalement et d'une façon rentable.

À l'ajournement du midi, le juge proposa que la Cour se transporte sur les lieux du dynamitage, sur la propriété de la compagnie. Nous y consentîmes volontiers.

Sur les bords de l'immense trou qui s'agrandissait toujours, nous fûmes à même de constater l'ampleur des travaux et la proximité dangereuse de plusieurs habitations, dont celles des demandeurs.

De retour au palais de justice, je contre-interrogeai les experts en dynamitage de la compagnie et je crois avoir réussi à leur faire admettre qu'il y avait une possibilité de travailler avec des charges moins fortes, au moins pendant quelques semaines, pour permettre aux demandeurs de déménager, avec la collaboration de la Cité et de l'Asbestos.

Dans mon plaidoyer, j'attaquai de front et violemment les autorités de la compagnie pour avoir perdu, par leur attitude cavalière et révoltante, l'estime dont elles avaient toujours joui dans le passé. «Quoi! m'écriai-je, la sécurité et même la vie des gens ne comptent donc pour rien dans la balance, contre un rendement pécuniaire! ... Ah! je sais bien que le Veau d'or est toujours debout, mais ne peut-on pas trouver une solution civilisée à ce problème? Et s'il y avait eu des blessés ou même des morts, sur qui aurait retombé la responsabilité?»

La solution, nous l'avions; nous ne demandions pas l'arrêt complet des opérations minières, mais nous exigions la cessation immédiate des dynamitages dangereux pour les citoyens. Il devait y avoir moyen de diminuer, temporairement du moins, les charges de dynamite pour chaque explosion, puis procéder sans délai à l'indemnisation des demandeurs et à leur déménagement sur un autre terrain de la compagnie. En un mot, il aurait suffi de suivre les conclusions de nos requêtes en injonction et de nos actions en dommages-intérêts. En terminant, je fis appel à la conscience du juge ainsi qu'à la bonne volonté des défenderesses, au cas où elles seraient disposées à régler, avant jugement, ce malheureux litige, pour mettre fin à une situation intolérable pour toutes les parties.

Après les plaidoiries, la cause fut prise en délibéré sur l'injonction. Cependant, il parut évident que le juge restait perplexe, et l'on se rendait bien compte de son embarras. Au fond, chacun pensait bien qu'un règlement vaudrait mieux qu'un jugement qui ferait mal au moins à l'une des parties et qui risquait de soulever la population contre une compagnie dont les opérations pourraient se poursuivre au bénéfice de tous.

Dans les jours suivants, les procureurs de l'Asbestos m'appelèrent de Montréal pour savoir si nous étions prêts à discuter d'un règlement. Alors, après discussions, propositions et contre-propositions, il y eut accord. La compagnie acceptait à peu près tout ce que nous leur demandions. Elle consentait à payer les maisons des demandeurs, plus une indemnité selon un pourcentage établi pour compenser l'augmentation de leur valeur, comparativement à leur évaluation municipale, plus une certaine somme basée sur les dommages prouvés. Enfin, la compagnie payait une somme raisonnable pour mes frais. Seule, la Cité refusa de payer quoi que ce soit aux demandeurs.

En somme, ce règlement, qui s'imposait, fut accepté avec beaucoup de satisfaction.

On procéda alors au déménagement des maisons des demandeurs à peu près en même temps que les 750 autres maisons du quartier Saint-Maurice, et le problème fut définitivement réglé.

LA VIOLENCE APPRÉHENDÉE

À Plessisville, lors d'un conflit de travail à la compagnie Tricot Somerset Limitée, le Conseil municipal me soumit un gros problème. Pendant qu'on était à négocier une convention de travail avec le syndicat des employés, la compagnie avisa ces derniers que l'usine leur serait fermée quelques jours plus tard si la convention qu'elle avait proposée n'était pas signée dans un délai fixé. Après avoir renouvelé son avertissement, elle écrivit au Conseil municipal pour l'informer de la situation et pour lui demander de prendre les mesures nécessaires pour protéger ses bâtisses, les patrons et le personnel non syndiqué. Le 19 mai 1953, la convention n'ayant pas été signée, l'usine fut fermée, et les ouvriers, formant un piquet de grève, se groupèrent sur la voie publique, devant l'entrée de l'usine, de façon à en interdire l'accès aux patrons et à leurs employés cadres.

La situation devenait grave. La veille, le maire et les échevins avaient tenu une assemblée spéciale ; ils se demandaient quelle attitude prendre. Comme on me demandait conseil, je répondis qu'il ne pouvait être question de prendre parti, même si les sympathies de plusieurs échevins allaient aux syndiqués. Quant au maire, il avait obtenu l'appui des travailleurs à la dernière élection. Et si la violence éclatait, que fallait-il faire?

Or, ni le maire ni les échevins ne voulurent se rendre sur les lieux, comme la police le leur demandait, mais ils me donnèrent carte blanche pour tenter de régler cette malheureuse affaire. Ils comptaient sur moi pour donner des directives à la police.

Devant l'imminence du danger, le chef m'appela ; il était très inquiet. À sa demande, je me rendis immédiatement sur les lieux. Alors, m'adressant aux constables et parlant au nom du Conseil municipal, pour être entendu de toutes les parties, je leur donnai l'ordre de maintenir la paix, de protéger la propriété et d'assurer la libre circulation sur la voie publique, mais pas davantage. S'il n'y avait pas de violence, la police ne devait pas intervenir pour faire cesser l'obstruction à l'entrée de l'usine. Il y eut alors un peu de bousculade et des menaces aux employés cadres et à leurs automobiles lorsqu'ils voulurent avancer dans l'entrée du terrain de la compagnie ; mais, devant la détermination des ouvriers, ils renoncèrent à leur projet, et les ouvriers se dispersèrent et tout rentra dans l'ordre... Par la suite, la compagnie intenta une action en dommages-intérêts contre la Corporation municipale, alléguant l'inaction de la défenderesse lors de cet incident et sa sympathie trop évidente pour le syndicat, mais elle fut déboutée en Cour supérieure et en Cour d'appel.

La décision que j'avais prise dans les circonstances était la bonne.

(Cette cause est rapportée : *Tricot Somerset Inc. vs Plessisville*, 1957 B.R., p. 797)

RÈGLEMENT D'UNE GRÈVE

À plusieurs reprises, il m'a été donné d'exercer mes activités de plaideur ailleurs que devant une cour de justice.

Une grève durait depuis près de quatre mois dans une industrie de la ville. Environ 125 hommes y étaient employés, de sorte que cet arrêt de travail affectait d'une façon appréciable toute l'économie locale. Quelque peu inquiet, je demandai à mon ami le maire de la ville s'il avait l'intention de faire quelque chose dans le but de provoquer un règlement de ce malheureux conflit.

— Que veux-tu faire? me dit-il, ils ne veulent pas s'entendre.

— C'est bien évident que les parties ne veulent pas s'entendre, répondis-je ; si elles voulaient s'entendre, elles n'auraient pas besoin de nous autres.

Quelques jours plus tard, les patrons et les chef du syndicat me demandèrent d'agir comme médiateur pour tenter de rapprocher les deux parties, en vue d'un règlement. C'était la dernière chance, car l'usine était sur le point de fermer ses portes définitivement.

Pendant neuf jours et neuf longues soirées, je ne ménageai pas mes efforts qui, à la fin, furent couronnés de succès. Il faut dire que le Conseil municipal m'avait accordé son appui moral. Quant au député du comté, il fit sa part en obtenant pour l'industrie un octroi minime mais très utile dans les circonstances. La convention collective, que j'avais rédigée en bonne partie, fut signée à mon bureau à deux heures du matin. Alors, les patrons et le syndicat m'invitèrent à produire un compte d'honoraires.

— Il n'y a pas de compte, répondis-je, et il n'y en aura pas. Quand l'industrie va bien dans la ville, j'en suis l'un des premiers bénéficiaires.

Quelque temps après, l'un des travailleurs de l'usine vint à mon bureau pour me remercier.

— Je n'ai pas d'argent, vous savez que nos salaires ne sont pas élevés, mais je sais que vous êtes un organisateur d'élections, et je suis venu vous dire que je vais voter pour votre candidat.

Ce geste m'a touché profondément.

UN CAS D'ENVIRONNEMENT

À Plessisville, municipalité d'environ 8 000 habitants à l'époque, le réseau d'égouts débouchait dans la rivière. Des usines de cuir et de métal y envoyaient leurs déchets contenant des substances acides, parmi les rebuts de toutes sortes. Plusieurs se plaignaient de cet état de choses, mais les cultivateurs du rang 9, en aval de la rivière, criaient plus fort que d'autres, parce que la pollution grandissante, en plus de produire une senteur nauséabonde, empoisonnait l'eau que buvaient leurs animaux, surtout les vaches laitières.

À plusieurs reprises, ces fermiers étaient venus au Conseil municipal pour y exposer leurs doléances ; cette situation ne pouvait plus durer. Mais à chaque fois, le maire et les conseillers leur promettaient d'étudier la question et de faire quelque chose tout en faisant remarquer qu'il s'agissait d'un problème difficile à régler, que le coût des travaux à faire était très élevé et enfin qu'ils demanderaient l'aide du gouvernement.

Cependant, rien ne s'étant fait pour améliorer la situation, quelques-uns des cultivateurs intéressés vinrent me consulter. Ils ne savaient plus que faire.

– Que faire ? leur dis-je, c'est bien simple, il n'y a qu'un seul remède : il vous faudra instituer des procédures judiciaires contre la Ville de Plessisville, au moyen d'une requête en injonction, accompagnée d'une action en dommages-intérêts. Tant que vous n'aurez pas pris la manière forte, vous n'aurez aucun résultat. Mon opinion est catégorique.

Ils hésitaient. Les uns voulaient aller de l'avant, selon mon conseil ; d'autres voulaient attendre ou tergiversaient ; presque tous avaient peur de risquer de perdre un peu d'argent dans l'aventure.

Un dimanche, sur le perron de l'église, après la messe, l'un de ces cultivateurs rencontra un échevin de Plessisville et lui demanda :

– Alors, monsieur l'échevin, quand est-ce que vous allez vous occuper de nous autres ? Ça sent la peste chez nous, nos animaux dépérissent à vue d'oeil, on n'est plus capables de vendre notre lait, et il y a même de nos vaches qui meurent.

— Mon cher monsieur, on vous a déjà dit que la Ville n'a pas d'argent pour réaliser ce projet, c'est une affaire considérable, et le gouvernement ne semble pas disposé à nous aider, du moins pour le moment. D'ailleurs, vous vous plaignez pour rien. Endurez votre mal, c'est tout. Vous ne réussirez pas.

— C'est ce que nous allons voir. Vous allez avoir affaire à notre avocat.

— Allez-y et bonne chance. Mais si vous perdez, vous aurez des frais à payer.

Le lundi matin, 16 cultivateurs me rencontraient à mon bureau, et les procédures judiciaires commençaient. Présentée à la Cour supérieure, la requête fut accordée.

Un peu plus tard, sur l'avis de l'avocat de la Ville, des discussions furent entreprises, des offres satisfaisantes nous furent faites, et il y eut règlement. La Ville s'engageait à payer tous les frais; mais le plus important, c'était que la Ville payait une indemnité à chacun des demandeurs et, surtout, elle s'engageait à construire une usine d'épuration des égouts dans un délai raisonnable. Seul le maire était furieux contre moi parce que, disait-il, j'avais fait dépenser beaucoup d'argent à la Ville. Mais tout le monde, sauf lui, était content lorsque l'on vit le commencement des travaux pour la construction d'une usine de traitement des égouts. C'était l'une des premières, sinon la première, à être construite dans la province.

*
* *
*

Dans le même domaine, les gens de Princeville m'ont donné l'occasion de plaider avec succès une requête en injonction contre la Ville de Victoriaville.

En effet, cette municipalité déversait ses déchets sur un vaste terrain situé dans les limites de Princeville, et elle continuait de le faire sans y mettre le feu et sans les enfouir suffisamment, de sorte que les propriétaires des terrains et même des maisons avoisinantes se plaignaient amèrement. Malgré de nombreuses demandes et mises en demeure, il fallut enfin recourir à des procédures judiciaires. Comme résultat, la Cour supérieure ordonna à Victoriaville de respecter à la lettre et dans un court délai imparti, les règlements d'hygiène en vigueur.

(Cette cause a été citée dans les *Rapports de pratique*.)

LES BILLS PRIVÉS

Lorsque j'habitais Plessisville, la Corporation du village, qui devint plus tard la Corporation de la ville de Plessisville, me confia la préparation, la rédaction et la présentation de cinq bills privés au Comité des bills privés de l'Assemblée législative du Québec (qu'on n'appelait pas encore à cette époque l'Assemblée nationale). En voici la liste :

— le premier, sanctionné le 12 décembre 1953, demandait au gouvernement du Québec, pour le village de Plessisville la permission d'imposer sur son territoire, une taxe de vente de 2 %. Le progrès exigeait des revenus additionnels. Il porte le numéro 106 des Statuts de Québec, 1–2 Elizabeth II, 1952–1953 ;

— le deuxième avait pour but de normaliser la perception des taxes, après la cassation du rôle d'évaluation. On y demandait la validation des taxes imposées et perçues en 1951, 1952 et 1953. C'était la seule façon de corriger une situation embrouillée et même impossible. Ce bill fut sanctionné le 18 février 1954, chapitre 109 des Statuts de Québec, Elizabeth II, 1953–1954 ;

— cette fois, on me faisait l'honneur de présenter au Comité des bills privés la demande d'incorporation du village de Plessisville en corporation de ville sous le nom de Ville de Plessisville. Sanctionnée le 10 février 1955, cette loi comprenait l'octroi d'une charte. C'est le chapitre 94 des Statuts de Québec, 3–4 Elizabeth II, 1954–1955 ;

— le quatrième bill proposait une loi permettant le partage du produit de la taxe scolaire, appelée taxe d'éducation, entre la municipalité de la paroisse de Plessisville et la ville de Plessisville. Sanctionnée le 23 février 1955, cette loi porte le numéro de chapitre 129 des Statuts de Québec, 4–5, Elizabeth II, 1955–1956 ;

— le 31 janvier 1957, le dernier de mes bills autorisait des modifications à la charte de la Ville de Plessisville. Chapitre 103 des Statuts de Québec, 5–6 Elizabeth II, 1956–1957.

C'était sous le règne de l'honorable Maurice Duplessis, premier ministre de la province. C'est lui qui décidait tout et qui faisait littéralement la loi à la présidence de ce Comité. À cette époque, il n'était pas facile d'obtenir une telle clientèle, car seuls quelques avocats trouvaient grâce devant lui, qui présidait toujours. Il est vrai que j'avais des appuis au Conseil municipal, mais j'avais aussi des adversaires acharnés. Ce n'étaient pas tant des libéraux qui m'en voulaient, car ils n'étaient pas au pouvoir, mais il y avait dans l'Union nationale des gens influents qui cherchaient à me nuire pour m'enlever le poste pourtant bénévole et onéreux d'organisateur du parti dans le bas du comté. En fait, ces engagements n'étaient pas très payants, puisque j'ai dû faire des concessions sur mes honoraires. Alors que certains avocats favoris du régime demandaient un minimum de 2 000 $ pour un bill, je devais me contenter d'une somme de 600 $ ou 700 $ en moyenne. Il faut dire aussi que le premier ministre me connaissait un peu. En outre, j'ai été avocat de la Ville pendant quelques années, grâce à quelques amis sûrs que j'avais aidés dans leurs élections au Conseil municipal.

Pour illustrer un peu la situation dans laquelle je me trouvais, on me permettra de raconter les événements qui se sont passés lorsque la Ville, ou plutôt le Conseil municipal, a décidé, par une faible majorité et après une bataille épique, de demander à Québec le droit d'imposer une taxe de 2 % sur son territoire. Plusieurs municipalités de la province nous avaient donné l'exemple à ce sujet.

Comme on pouvait s'y attendre, nos adversaires ne pouvaient laisser passer une si belle occasion de ruiner notre groupe d'unionistes dans l'opinion publique. D'abord, les libéraux décidèrent de se réveiller et d'organiser une grande campagne contre notre projet, aux cris de « A bas la taxe ». En outre, les partisans de l'Union nationale étaient divisés ; je dirigeais un groupe comprenant quelques bons organisateurs d'élections, le maire de la ville pendant quelque temps, un petit groupe de commerçants et d'employés de bureau, et nous avions vaguement l'appui de la majorité de la ville.

Or, l'union de nos adversaires avait fait signer une pétition de quelque sept cent cinquante noms de contribuables déclarant leur opposition au prélèvement d'une telle taxe. Ils s'adressèrent donc à notre député-ministre pour qu'il présente cette pétition au premier ministre. Notre déouté mordit facilement à l'hameçon, croyant que notre groupe de fidèles était perdu dans l'opinion de ses électeurs du bas du comté... C'était là, pensait-il, une belle occasion de nous laisser tomber pour se rallier un grand nombre de libéraux pour la prochaine élection provinciale.

Le matin du jour fixé pour l'audition de notre demande, j'étais accompagné du maire et des échevins favorables à l'imposition de cette taxe que nous estimions nécessaire pour la bonne administration de la ville. À l'entrée du Parlement, nous rencontrâmes notre député, qui avait l'air de mauvaise humeur. Manifestement, il avait pris quelques verres pour se donner du courage avant de paraître devant Duplessis qui, on le sait, traitait ses députés et mêmes ses ministres assez cavalièrement. Immédiatement, il nous apostropha en disant que nous avions tort d'entreprendre une telle démarche, que nous étions en train de perdre la confiance des gens et que nous lui faisions, par le fait même, un tort considérable dans l'opinion publique. Puis, se tournant vers moi, la figure convulsée, il me dit que j'étais un petit dictateur, qui menait tout dans la ville, à commencer par le Conseil municipal, mais qu'il saurait mettre un terme à mon influence prépondérante. Je lui répondis, évidemment vexé, que j'avais été chargé de représenter les intérêts de Plessisville et que je ferais mon devoir, sans m'occuper des critiques malveillantes et des récriminations importunes, même si elles venaient de lui. Au cours de cette altercation verbale dans les corridors du Parlement, le maire et les échevins m'appuyèrent d'emblée, comme ils l'avaient fait dans le passé. L'honorable député déclara : « Vous allez voir ce que je vais en faire de votre bill. Vous allez avoir l'air fous tout à l'heure, vous allez manquer votre coup. » Confiant dans la justesse et la justice de notre cause, je lui lançai : « Essayez pour voir. » Il partit en grommelant.

À l'appel de notre bill, je m'adressai aux membres du Comité, tout en sachant bien que l'opinion de l'honorable Duplessis seule comptait. J'avais à peine commencé à exposer le sujet de notre demande que notre député-ministre se leva pour manifester son opposition. « Monsieur le Premier ministre, dit-il, j'ai ici une requête signée par 750 contribuables de Plessisville, qui s'opposent... » L'interrompant, M. Duplessis dit : « Des requêtes comme celle-là, ça ne vaut rien ; tout le monde est contre les taxes. Il s'agit de savoir si celle-ci est nécessaire dans les circonstances. » S'adressant à moi, il demanda : « Avez-vous réellement besoin d'une augmentation de vos budgets à Plessisville ? » Comme je m'étais préparé, je lui citai quelques chiffres et lui parlai d'asphalte, de la construction d'un nouveau poste de pompiers, etc. Alors, M. Duplessis conclut : «Nous l'avons accordé à d'autres, nous allons vous l'accorder aussi. Adopté.»

Brusquement, notre député-ministre, rageur, ramassa ses papiers et s'enfuit en claquant la porte. Par la suite, il ne fut pas trop porté à m'appuyer, et cet incident désagréable faillit provoquer une rupture définitive entre nous. Enfin, mes sentiments envers l'Union nationale dans le comté en furent refroidis pour longtemps. Cependant, j'avais la satisfaction du devoir accompli.

ÉTATS-UNIS ET CANADA

Peu d'avocats, à ce que je sache, ont eu l'occasion de plaider devant les tribunaux administratifs américains. J'ai eu cette chance à deux reprises.

Un propriétaire de deux énormes camions transportait des produits de l'érable de Plessisville à Burlington, dans le Vermont, et à New York. Un jour, il fut arrêté aux frontières parce qu'il n'avait pas de permis pour faire du transport du côté américain. Un délai lui fut accordé, mais on l'avertit de faire une demande de permis à ce sujet, ce qui fut fait. Or, par suite de plusieurs oppositions, une audition devenait nécessaire. Elle eut lieu devant l'Interstate Commerce Commission, à Montpellier, capitale du Vermont.

À l'appel de la cause, nous nous levâmes, le requérant et moi, en même temps que cinq ou six procureurs des opposants. Mon client était petit et affecté d'une déformation de l'épine dorsale, et moi-même je ne suis pas grand, alors que les avocats de nos adversaires avaient tous plus de six pieds et trois ou quatre pouces.

— Qui représentez-vous? me demanda le président du tribunal.

— Monsieur X, de Plessisville, Québec, Canada, répondis-je.

— Quels sont les opposants?

Les avocats répondirent tour à tour :

— L'Association des chemins de fer des États-Unis, l'Association des camionneurs des États-Unis...

Je crois qu'il y avait d'autres associations représentant un grand nombre de transporteurs et, enfin, les Chambres de commerce de l'État du Vermont et de New York... On peut s'imaginer que je me sentais comme Daniel dans la fosse aux lions.

Tout le monde dans la salle, y compris les commissaires, paraissait avoir envie de rire. Peut-être était-ce une illusion, car tous se montraient très polis envers nous.

Dès le début de la séance, un problème se posa : mon client ne parlait pas l'anglais. D'autre part, il n'était pas question de le faire témoigner en français, car personne ne comprenait notre langue, et la sténotypiste n'aurait pu travailler en français. Alors, en l'absence d'interprète, je proposai de poser mes questions en français, de les traduire en anglais, puis de traduire les réponses de mon client en anglais. Quant aux questions des avocats des parties adverses, et aux autres témoignages, je devais les traduire dans la langue de Molière pour le bénéfice de mon client. Cette proposition ayant été acceptée, l'enquête débuta laborieusement mais, au bout de quelques minutes, le système fonctionnait très bien. Utilisant mon meilleur anglais, l'esprit tendu et en bataille, dans une attitude de dignité, je me rendis bientôt compte qu'on nous prenait de plus en plus au sérieux.

Nos adversaires proposaient que les transporteurs canadiens — québécois en l'occurrence — devraient s'arrêter à la frontière, laisser là leur charge et s'aboucher avec des transporteurs américains pour leur confier la deuxième partie du voyage. Il n'était pas question d'accepter cela, alors que les camionneurs des États-Unis sillonnaient toutes les routes de notre province et même du Canada.

La séance se termina sur une note d'optimisme, les commissaires s'étant montrés très sympathiques, du moins c'était ma présomption.

Quelques mois plus tard, la demande du requérant était rejetée. Cependant, il faut croire que les règlements de l'Interstate Commerce Commission américaine furent assouplis et amendés dans l'intervalle, car le petit camionneur de Plessisville obtint quand même son permis et continua son transport aux États-Unis comme auparavant, sans jamais plus être inquiété à son passage aux frontières.

Je n'ai pas la prétention de penser que cette cause, à elle seule, ait réussi à faire changer une situation intolérable entre bons voisins, mais elle a peut-être eu quelque influence sur l'amélioration des rapports entre les deux pays en ce qui concerne le camionnage, élément très important de l'économie au Canada et aux États-Unis.

*
* *
*

Une deuxième cause me retint devant un tribunal administratif américain.

Un Beauceron avait eu un accident du travail dans le Maine. En faisant son travail saisonnier de cueilleur de pommes dans cet État américain, il était tombé en bas d'un pommier et il s'était fracturé l'avant-bras. Or, comme on lui offrait une indemnité qu'il jugeait insuffisante, il vint me demander de produire et de présenter pour lui une réclamation à la Commission des accidents du travail de cet État américain.

L'audience eut lieu à Saint-Georges-de-Beauce, où les commissaires étaient venus siéger pour juger de quelques réclamations faites par des Canadiens de cette région. Je me rappelle avoir été obligé d'apprendre rapidement les règlements et la procédure pouvant s'appliquer dans un tels cas, mais je fus payé de ma peine par un beau résultat devant cette commission américaine.

CAUSES
MATRIMONIALES

UN HOMME SANS COEUR

Il s'agissait d'une requête pour pension alimentaire. J'occupais pour une femme abandonnée par son mari. Dès le début de ma plaidoirie, je me mis à fustiger l'intimé sans pitié. «Votre Seigneurie, dis-je en pesant bien mes mots, voici le vrai type d'un homme sans coeur. Il a quitté le foyer conjugal, laissé son épouse sans abri et sans ressources; il ne lui donne absolument rien. Il ne s'en occupe pas du tout, comme si elle n'existait pas. Pour comble, il a vendu la maison de la communauté, il a mis l'argent dans sa poche et l'a sans doute tout dépensé, car nous n'avons pu savoir s'il lui en reste. Je me permets de faire remarquer à votre Seigneurie que la requérante, malgré sa répugnance, doit avoir recours aux prestations du ministère du Bien-être social pour vivre, et c'est la société, c'est-à-dire tout le monde, y compris vous et moi, qui doit payer pour cet ignoble individu.»

Et comme je continuais à frapper et à exhaler mon indignation, l'homme baissant la tête, le juge intervint: «Vous savez, maître Marchand, il n'est pas nécessaire de continuer, je suis entièrement de votre avis.» Alors je répondis: «Votre Seigneurie, je voulais avoir votre réaction. Eh bien! je l'ai eue et suis satisfait de voir que vous partagez mon opinion sur la conduite de cet homme envers sa femme. Maintenant, votre Seigneurie, je connais d'avance le jugement que vous allez rendre, pour donner à ce mécréant une leçon de justice et de savoir-vivre.»

UNE RÉCONCILIATION DE JEUNES ÉPOUX

Dans les premières années de l'exercice de ma profession, les parents d'une jeune femme originaire d'un village voisin m'avaient consulté au sujet des relations très tendues entre leur fille et leur gendre, récemment mariés. Il était question, déjà, d'une séparation, car il ne pouvait y avoir de divorce à cette époque-là. J'acceptai de prêter mes services pour une bonne cause, et j'offris même, à titre d'exception, de me rendre dans la maison des parents de la jeune femme, à la campagne, où les époux devaient se trouver ensemble pour la dernière fois.

Au début, le jeune homme ne voulait rien entendre ; il avait décidé de quitter le foyer conjugal. La situation paraissait désespérée. Cependant, je parvins, malgré l'atmosphère tendue qui régnait dans la grande cuisine où toute la famille était réunie, à le convaincre de m'entendre, sinon à m'écouter.

Je vis les époux d'abord séparément, dans une chambre attenante, puis ensemble. C'est là que je leur demandai de s'exprimer librement et ouvertement, de se vider le coeur, de se dire leurs reproches mutuels, et aussi de reconnaître les qualités qu'ils appréciaient chez l'autre conjoint. Alors, constatant que le drame commençait à se dénouer, je fis un véritable plaidoyer pour la bonne entente, la compréhension et l'épanouissement de leur amour réel, malgré les difficultés d'adaptation inhérentes à leur condition de mariés de fraîche date. Il ne fallait pas gâcher leur vie pour une mésentente passagère. L'amour arrange tout quand on y met un peu de bonne volonté. À la fin, ils s'étreignirent en pleurant de joie.

Et le jeune mari me donna avec plaisir la somme de 5 $ que je lui demandais.

MAUDITE BOISSON

Dans la plupart des causes matrimoniales, l'émotion me gagnait à certains moments du procès. Par exemple, un jour, j'occupais pour une épouse dont le mari, ruiné de santé par les boissons alcooliques, se défendait pour éviter la ruine matérielle de son foyer. Il rageait devant la perspective d'être obligé de payer une pension à sa femme. Devant le juge, les larmes coulaient sur son visage trop ravagé par la peine et l'infortune, par la faute de celui à qui elle s'était donnée quelque vingt ans auparavant. Mon plaidoyer se terminait ainsi:

« Votre Seigneurie, dans la fleur de son âge, un jour, cette femme jura d'être fidèle à ce jeune homme qu'elle aimait. Rayonnant de bonheur, il sortait de l'église à son bras, et elle l'admirait, avec la force de sa jeunesse saine et souriante; elle lui donnait son coeur pour la vie, en espérant qu'il serait son compagnon et protecteur aimant pour toujours. Or, qu'est-il devenu, cet homme? Regardez-le aujourd'hui, regardez son visage d'ivrogne! Que sont devenues ses bonnes dispositions et ses serments d'amour éternel? Il bat sa femme, il la méprise, il la repousse et, s'il promet de s'amender, c'est qu'il a peur de payer pour sa conduite indigne. Non, votre Seigneurie! il est trop tard, hélas!, rien ne va plus maintenant entre les deux époux. Le défendeur a lui-même brisé son foyer, et mon devoir est malheureusement de demander la séparation.»

À la suite du jugement rendu en faveur de cette pauvre femme, son mari lui paya une pension alimentaire pendant quelque temps, puis il abandonna son emploi et s'incrivit au Bien-être social, sa femme se voyant obligée de faire de même.

UN CULTIVATEUR TROP DUR

Les temps changent. Aujourd'hui, il serait facile d'obtenir un jugement de séparation ou de divorce pour cette malheureuse femme de cultivateur, mais au début de ma carrière, le juge refusa de l'accorder.

Les circonstances étaient les suivantes: elle s'était enfuie de la ferme parce qu'elle n'en pouvait plus. Son mari ne la battait pas, mais il la traitait en esclave. Jamais il ne lui parlait, sauf pour lui donner des ordres brefs ou pour l'accabler de reproches. Elle devait s'occuper des enfants, faire la cuisine, traire les vaches, manoeuvrer le râteau à foin et accomplir tous les autres travaux d'une ferme pauvre, dans un village minuscule loin de la ville. Le mari était toujours de mauvaise humeur et il ne tolérait la présence d'aucun ami ni visiteur.

À la Cour, j'entrepris de montrer que cette attitude du défendeur représentait en fait une continuité de sévices et injures graves, conditions requises par le Code civil pour l'obtention d'une séparation. Il s'était constitué en petit dictateur d'un petit royaume, où sa femme ne comptait pour rien. Elle ne pouvait même pas exprimer une opinion ou manifester un désir, sans que le mari ne lui demandât de se taire. Pas un sourire, pas un cadeau, pas une remarque bienveillante: c'était cela l'esclavage.

L'atmosphère dans la salle était devenue dramatique. Le mari serrait les dents et se rendait compte de sa faute envers son épouse; elle pleurait. Cependant, à la fin, même si le juge me complimentait de ma plaidoirie, je compris par ses remarques qu'il n'accorderait pas la séparation, à cause des idées qui prévalaient à cette époque, soit vers 1950.

Oui, les temps changent, mais l'épouse a quand même quitté son mari pour toujours.

UNE RÉCONCILIATION SURPRENANTE

Deux époux assez jeunes avaient failli en venir aux mains devant la Cour. Très violents, ils s'invectivaient l'un l'autre sans aucun ménagement, malgré les avertissements du juge et les interventions des avocats qui les appelaient au calme. Elle surtout, ma cliente, criait à défoncer les murs. Elle traitait son mari d'écoeurant, de ganache et autres qualificatifs semblables. « Jamais, disait-elle, je ne retournerai avec cet être ignoble qui m'a trompée. Je ne veux plus le voir, jamais, jamais!» De son côté, le défendeur lui répondait sur le même ton.

Devant de telles explosions de colère, le juge suspendit l'audience et l'ajourna pour quelques jours, non sans leur avoir recommandé de se calmer. Alors, le mari vint à moi dans le corridor, pour me menacer de son poing levé. Je fis semblant de ne pas avoir peur, j'essayai de lui faire comprendre le rôle de l'avocat, que je faisais tout simplement mon devoir et que je n'avais rien personnellement contre lui. Mais il ne voulait rien entendre. Il m'aurait sans doute frappé, si un agent de la Sûreté n'était pas survenu à ce moment.

Dans les circonstances, un jugement rapide en faveur de la demanderesse paraissait s'imposer dès la reprise de l'audience mais, à ma grande surprise, les époux se remirent ensemble. «Ça va très bien maintenant, monsieur Marchand, arrêtez les procédures», me dit ma cliente au téléphone.

Quelle était la valeur de cette réconcialiation soudaine? Je n'en sus jamais rien. Tout ce que je sais, c'est que j'eus beaucoup de difficulté à me faire payer un compte plus que raisonnable.

UN MANIAQUE SEXUEL

Cette femme de cultivateur ne pouvait plus endurer son mari, un maniaque sexuel, qui lui rendait la vie absolument insupportable. À tout instant du jour ou de la nuit, il l'importunait pour satisfaire ses appétits. Par ailleurs, il faisait travailler son fils jusqu'à l'épuisement.

Elle avait fini par quitter le foyer conjugal et m'avait chargé de prendre des procédures en séparation de corps et de biens contre son mari. Après l'institution de l'action, le curé du village avait convaincu l'épouse de se réconcilier avec son conjoint, mais je n'étais pas d'accord, malgré mes principes d'ordre religieux, car je croyais bien que ces gens ne pouvaient vivre ensemble. Dans ces questions-là, l'avocat est souvent plus compétent que le curé. Je consentis quand même à cesser toute procédure légale, même si je pris la peine d'avertir ma cliente qu'elle reviendrait me trouver avant longtemps.

Environ trois mois plus tard, elle m'appela pour me demander de reprendre les procédures, car son loyal essai s'était terminé en catastrophe : son mari l'avait battue et elle s'était enfuie chez des parents dans une autre localité.

Le mari se défendit avec acharnement, prétendant que sa femme refusait de faire son devoir. Il se présentait comme un homme exemplaire et surtout un gros travailleur. Son seul désir était de voir son épouse revenir à la maison.

À la Cour, même s'il était défendu par un excellent avocat, le défendeur n'eut pas la partie facile. Pour ma part, je n'étais pas disposé à le ménager, surtout qu'il était venu me menacer à mon bureau. Devant le juge, le lui demandai s'il était vrai qu'il avait battu sa femme un certain jour, en plein midi, alors qu'il voulait faire ce qu'il appelait l'amour.

— Écoutez, dit-il, j'en avais envie, mais elle refusait en disant qu'elle devait faire la vaisselle. Je la pris par les épaules et la poussai dans la chambre. Elle tomba sur le lit. Je lui enlevai de force sa robe et ses souliers. Comme elle se débattait, je lui déchirai le reste de ses vêtements. Tombés tous les deux en bas du lit, une lutte corps à corps s'engagea. Tout revolait, les couvertures, les vêtements. Je la frappais, c'est vrai, mais juste assez pour l'empêcher de m'échapper. À un moment donné, j'essayais de ..., je voulais lui ..., je tentais de ..., euh! de lui rejoindre le ...

Le juge, qui écoutait d'un air scandalisé, interrompit brusquement :

— Laissez faire, j'ai compris.

Lors des plaidoiries, mon adversaire hasarda ces mots :

— Si votre Seigneurie sépare les époux...

Mais il n'eut pas le temps de finir sa phrase, car le juge se fit cassant :

— Pardon, maître ..., ce n'est pas le juge qui sépare les époux, ce sont les époux qui se séparent eux-mêmes, par leur conduite l'un envers l'autre. Le juge ne fait que constater les faits, les interpréter et prononcer la séparation s'il y a lieu.

Je compris que ma cause était gagnée.

Après le jugement, comme le défendeur refusait le partage à l'amiable, les biens meubles et la terre furent vendus par le shérif, et la malheureuse épouse en reçut sa part.

UNE MESURE EXTRÊME : LE FEU

Dans ces causes de séparation ou de divorce, que de drames et que de tragédies ont eu leur écho devant la Cour supérieure ! Et que de fois n'a-t-il pas été prouvé que la bonne entente vaut mieux que la discorde ! Malheureusement, il n'est pas toujours facile de s'accorder.

Un garagiste de campagne, devenu jaloux, avait reçu une action en séparation de la part de son épouse. Alors, sa fureur contre elle ne connut plus de bornes, et cela à un tel point qu'il avait tenté de la faire brûler en l'enfermant à clef dans leur chalet. Heureusement, la vue de l'incendie grandissant l'avait fait se rendre compte de l'extrême gravité de la situation. Pris de remords, il avait réussi à ouvrir la porte et à sauver son épouse. Après un tel geste, ajouté à d'autres menaces et calomnies contre la demanderesse, il fut surprenant de le voir se défendre en Cour supérieure, et même en Cour d'appel... vainement d'ailleurs.

UN AUTRE CAS PATHÉTIQUE

Certains maris que j'ai connus devant la Cour manifestaient une animosité cruelle. Un soir, je reçus un appel téléphonique d'une femme désespérée. Son mari l'avait enroulée dans un tapis, l'avait attachée et l'avait jetée dans la neige, le long de la route, à une bonne distance du foyer conjugal. Elle avait réussi, Dieu sait comment, frissonnant et toute en pleurs, à se rendre chez un parent, pour me téléphoner.

Cette cause fut très dure, car le juge laissait les conjoints s'entredéchirer, malgré ma demande de huis clos, devant un public friand de situations scabreuses. Les époux étaient dressés l'un contre l'autre, d'une façon apparemment irrémédiable. Évidemment, ma cliente obtint la séparation, et le jugement valida la saisie pratiquée sur les biens de son mari.

Cependant, sans trop de surprise pour moi, l'épouse laissa tomber toutes ses procédures, car le mari continuait à la menacer, si elle ne voulait pas revenir avec lui et annuler la saisie. Ce n'était pas une réconciliation, mais une résignation.

La suite de l'histoire m'est inconnue, mais j'espère qu'ils sont maintenant plus heureux.

DEUX IMMIGRANTS

L'une des émotions les plus fortes que j'aie ressenties dans une cause de relations matrimoniales, c'est celle de deux immigrants européens. Tous deux avaient des caractères violents, et ils ne parvenaient pas à s'accorder depuis quelque temps. Ils avaient un petit garçon adorable, âgé d'environ deux ans, mais ils étaient malheureux. Apparemment, la jeune femme s'ennuyait à mourir au Canada. Il avait un bon emploi et un salaire très convenable, mais elle ne pouvait s'adapter à notre climat et surtout à l'isolement. Sans amis, ils en étaient venus à se quereller continuellement pour tout et pour rien. Ainsi donc, encouragée par ses parents, l'épouse annonça son intention de demander le divorce et de retourner en Europe aussitôt qu'elle l'aurait obtenu. De son côté, il fit appel au curé de la paroisse et aux représentants du Service social pour la faire changer d'idée, mais sans succès. Elle maintint son intention de le quitter. Restait le sort de l'enfant. Le mari voulait le garder, mais il n'était pas en mesure d'en prendre soin à cause de son travail. Devenu agressif, il menaçait de faire un malheur, et nous commencions à craindre pour la femme et surtout pour l'enfant.

Après bien des démarches et beaucoup d'insistance auprès des deux époux, il fut convenu avec un agent du Service social que l'enfant serait placé, au moins temporairement, dans un foyer de la région, en attendant une décision de la Cour. Mais tout en admettant la nécessité de suivre les conseils qu'on lui donnait, le père se révoltait à l'idée de le perdre en même temps que la mère, et il gardait une humeur sombre qui ne laissait présager rien de bon.

Le soir où l'enfant devait être placé, l'agent du Service social me demanda de l'accompagner, car il ne voulait pas aller seul à la maison des époux. Là, nous fûmes témoins d'une scène déchirante. La mère venait de partir. Le père pleurait. Désespéré et rageur, il serrait son enfant dans ses bras, comme s'il eût voulu l'étouffer. Il en voulait à sa femme et n'acceptait pas le sort qui l'attendait. Vivre seul, il ne le pourrait pas. À un moment donné, il alla s'enfermer dans la chambre de toilette avec son enfant qui, lui aussi, pleurait à chaudes larmes en criant : « Maman ! Papa ! » Notre inquiétude augmentait à mesure que le temps passait. Jamais je n'avais éprouvé à ce point le sentiment d'une catastrophe imminente. Quand ils sortirent tous les deux, je ressentis un grand soulagement. Le visage défait, les yeux rougis, encore secoué et tremblant, l'homme dit : « Emmenez-le, et faites vite ! »

Quelle tristesse !

DEUX CARACTÈRES INCOMPATIBLES

Le comportement des époux entre eux a toujours été pour moi un mystère. Pourquoi des conjoints, apès avoir été heureux avec leurs enfants, en apparence du moins, décident-ils de se séparer après plusieurs années, parce que l'un des époux ne peut plus vivre avec l'autre? D'autre part, pourquoi des époux qui ne semblaient pas faits pour s'entendre restent-ils ensemble et sont heureux pendant toute une vie? Mystère. En fait, il y a autant de cas que de couples.

Après avoir donné 8 enfants à son mari, après une vingtaine d'années de travail acharné sur une belle ferme située près de la ville, l'épouse manifesta l'intention de demander la séparation de corps et de biens. Elle alléguait une incompatibilité de caractères qui portait son mari à la cruauté mentale et parfois physique sur elle. À la demande de ce dernier, je tentai de réconcilier les deux malheruex époux ; je me rendis donc voir la femme. Cependant, je ne restai pas longtemps. Malgré mon approche polie et calme, je reçus un accueil froid et même glacial. À chacune de mes questions ou propositions d'entente, elle m'opposa un refus catégorique. « Non, non et non! » me disait-elle à chaque fois qu'elle ouvrait la bouche, si bien que je renonçai à poursuivre le difficile dialogue. « Savez-vous, madame, lui dis-je, excédé, votre mari est resté avec vous pendant vingt ans, mais moi je ne serais pas resté une heure. »

Et je pris la porte.

IL AVAIT TOUJOURS RAISON

Une femme en pleurs me demanda d'aller la voir, me disant qu'elle était maltraitée par son mari. À ce moment-là, j'avais pourtant décidé de ne plus aller chez les clients, mais je fis exception encore une fois. Dans la cuisine, elle me montra des marques bleues sur ses bras et, surtout, ce qui m'a frappé, une marque profonde sur le mur de gyproc. C'était un pot de confitures qu'il lui avait lancé à la tête et qui était allé se briser sur le mur.

J'écrivis alors une lettre au mari pour lui demander d'améliorer sa conduite, sous peine de procédures judiciaires. Il vint me voir au bureau. C'était un confrère de classe à la petite école. Grand et fort, il disait ne plus pouvoir endurer sa femme, plutôt maladive et plaignarde. Au cours d'une longue conversation, je me rendis compte qu'il faisait partie de ceux qui prétendent avoir toujours raison ; il ne voulait rien reconnaître, rien admettre, rien céder. Amicalement, je lui suggérai de se montrer plus conciliant, et surtout de ne plus molester sa femme. Toutefois, mes conseils se heurtaient contre le mur de son orgueil. Il n'y avait rien à faire.

Quelques semaines plus tard, sur une nouvelle plainte de l'épouse qu'il avait encore battue, je fis arrêter le mari pour voies de fait. La police alla le chercher pour le conduire à la prison qui se trouvait située à une vingtaine de milles de distance. Comme la pauvre femme malade ne pouvait se rendre à mon bureau, elle me demanda d'aller chez elle pour préparer une action en séparation de corps.

Or le mari, qui avait prévu le coup, avait amené son père avec lui à la Cour où il fut admis à caution sans problème. Puis, il s'empressa de réintégrer son domicile, furieux contre sa femme et contre moi-même. Manifestement, nous avions mal calculé le temps du voyage. Le mari ouvrit soudainement la porte avec fracas, encore sous l'effet de la boisson, et il s'avança vers moi, menaçant :

– C'est toi, p'tit maudit avocat, qui m'as fait arrêter. Tu vas voir, j'vas te faire ton affaire, tu vas manger une maudite volée, pis ça sera pas long. J'vas te montrer à te mêler de tes affaires.

Quand j'étais officier de marine, j'avais dû faire face à des situations difficiles avec des matelots sous l'influence de l'alcool, et j'avais appris à ne pas montrer que j'avais peur, même si, en fait, c'était bien le contraire qui se produisait. Je me levai de tous mes 5 pieds et 6 pouces, face à ses 6 pieds et 5 pouces.

— Écoute, lui dis-je, si tu penses que j'ai peur de toi, tu te trompes, c'est plutôt toi qui as peur de moi. Tu peux me frapper, tu peux me blesser, tu peux me tuer si tu veux, mais c'est toi qui vas être mal pris par la suite. Assieds-toi là, on va parler. Je ne t'en veux pas, moi, tu me connais, on a été à l'école ensemble. Assieds-toi, on va essayer d'arranger ça ; ça ne peut pas continuer comme ça.

Il s'effondra.

— Je n'ai jamais été chanceux dans la vie, se lamenta-t-il, et ma femme ne m'a jamais encouragé. Je travaille fort et j'ai de bons salaires, mais si j'ai le malheur de prendre de la bière, elle me chante des bêtises et ça finit pu. Elle me repousse quand je veux l'embrasser.

Je tâchai de le consoler un peu, pendant que sa femme essuyait ses pleurs. Elle restait encore craintive, mais elle trouva la force de me remercier d'une voix faible.

Je partis, tout ému et triste d'être obligé de contribuer à séparer ces deux malheureux époux. Mais je me promis de ne plus me rendre dans un foyer pour tenter de régler de semblables problèmes, sauf dans des cas d'extrême urgence ou de nécessité.

UN *HABEAS CORPUS*

Le téléphone sonne. Il est sept heures du matin. Je me lève pour répondre. Au bout du fil, c'est une femme en pleurs. Elle parle en anglais. «On m'a pris mon enfant, sanglote-t-elle, et j'ai besoin d'un bon avocat tout de suite.»

Au bureau, dix minutes plus tard, une belle femme d'environ 25 ans me raconte l'histoire qui l'a amenée de Montréal à Thetford Mines. Après son mariage, trois ou quatre ans auparavant, son mari l'a quitté sans ménagement et sans intenter de procédures judiciaires. Peu de temps après, dans une petite ville du district de Joliette, elle a vécu maritalement avec un jeune homme originaire de notre région. Une petite fille leur est née, mais alors qu'elle avait environ sept mois, le jeune homme, en l'absence de sa concubine, enleva l'enfant pour la confier à ses parents à lui, qui demeuraient près de Thetford Mines. On peut imaginer la surprise et la stupéfaction de la mère en rentrant chez elle pour trouver la maison vide. Folle de douleur, et devinant l'endroit où la petite pouvait se trouver, elle s'élança sur la route en compagnie de son père au milieu de la nuit, et elle alla frapper à la porte des parents de son amant, mais ceux-ci refusèrent de lui ouvrir, malgré ses supplications et ses pleurs. Ils avaient l'enfant, mais ils ne la rendraient pas.

La situation était dramatique, d'autant plus que la police ne pouvait rien faire. Quant à moi, mon devoir était tout tracé : il me fallait procéder au moyen d'une requête en *habeas corpus*. On sait qu'une telle procédure s'impose lorsqu'une personne est privée de sa liberté. Comme bien l'on pense, l'amant se défendit farouchement, appuyé par son père et sa mère, qui se déclarèrent prêts à s'occuper de l'enfant. Il requit les services d'un avocat de notre région et contesta ladite requête par écrit. La cause fut inscrite et entendue au palais de justice de Joliette.

Je me rappelle bien ces deux jours-là que dura l'audience devant un juge de la Cour supérieure de Montréal. La journée commença mal pour mon adversaire qui arriva en retard, provoquant l'impatience du juge. L'atmosphère du procès était chargée d'émotion. L'intimé prétendait qu'il était le père de l'enfant mais nous plaidions que sa qualité de père naturel ne lui conférait aucun droit. De plus, aux termes de l'article 218 du Code civil, l'enfant conçu pendant le mariage est légitime et a pour père le mari, en l'absence de désaveu dans le délai légal. D'ailleurs, le père légal, entendu comme témoin, se désintéressait du sort de la petite et consentait à la laisser à son épouse ; il ne voulait pas qu'elle fût élevée par de purs étrangers.

À un moment donné, le procureur de la partie adverses invoqua l'argument de religion. Son client acceptait mal la perspective de voir son enfant élevée chez des protestants, alors que ses parents à lui étaient catholiques. Le juge prit cette proposition fort mal, ce qui me parut indiquer que nous étions sur le point d'obtenir gain de cause.

Vers midi du deuxième jour, la cause étant terminée, le juge annonça qu'il se retirait pour rédiger et dicter son jugement qu'il rendrait sans délai et sur le banc. Dès lors, la requérante devint plus nerveuse. Elle fumait dans le hall du palais et ne tenait plus en place.

De retour à son siège, le juge entreprit la lecture du jugement. Je m'efforçai de calmer ma cliente, en lui disant tout bas : « Ça va bien, ne vous inquiétez pas », mais elle tremblait de peur de se voir enlever son enfant pour toujours.

À la fin, le juge déclara qu'il accordait la garde de la petite fille à sa mère. Alors, s'élançant vers moi, elle m'embrassa avec effusion. Pleurant à chaudes larmes, elle put à peine écouter les derniers mots de l'honorable juge. C'était bien la première fois qu'une cliente me faisait une telle démonstration en pleine Cour.

UN DÉFENDEUR ACHARNÉ

Il faudrait plusieurs volumes pour raconter adéquatement tout ce qui s'est passé dans cette cause de séparation, la plus importante de ma carrière, et aussi la plus importante dont j'aie eu connaissance dans la province, du moins en ce qui concerne le nombre et la complexité des procédures, sinon quant aux sommes d'argent formant l'actif de la communauté. Un jour, une femme bien connue dans la ville m'appela pour me demander une entrevue. Elle insista pour me voir le soir, en l'absence de mes associés et de mes secrétaires, en qui pourtant j'avais bien confiance. Au bureau, elle m'expliqua qu'il s'agissait de poursuivre son mari, et elle ne voulait aucune indiscrétion avant la signification de l'action. Elle avait déjà consulté un autre avocat qui avait trop parlé, de sorte que, mis au courant des projets de son épouse, le mari avait pris certaines mesures pour mettre une partie de sa fortune à l'abri en Europe. Après un certain temps, croyant le danger passé, il avait recommencé à faire ses affaires comme d'habitude.

Les deux époux s'étaient mariés sous le régime de la communauté de biens, et leur modeste avoir était devenu, grâce à leur travail et au sens des affaires du mari, une fortune considérable. Certains disaient qu'elle devait s'établir à près d'un million de dollars. Extérieurement, tout semblait bien aller ; ils avaient un commerce florissant, une belle maison et des enfants qui faisaient leur orgueil. Avec leurs automobiles, leurs fourrures et leurs voyages à l'étranger, ils faisaient envie, et l'on pouvaient croire qu'ils formaient une famille heureuse.

Cependant, le mari, dont les affaires l'appelaient à s'absenter assez souvent, rencontrait d'autres femmes. L'épouse n'ignorait pas les escapades de son conjoint, mais elle ne disait trop rien, jusqu'au jour où il installa sa nouvelle, jeune et jolie maîtresse, âgée d'environ 17 ans, dans un appartement dont il était propriétaire, presque en face du domicile conjugal. Il l'avait rencontrée alors qu'elle était encore au couvent. Ce fut la goutte qui fit déborder le vase.

Avec l'action en séparation de corps et de biens, il fut décidé de saisir avant jugement tout l'avoir de la communauté : la maison, les meubles, les automobiles, la bâtisse où le mari avait son commerce, les immeubles à revenus qu'il avait à Montréal, tous les comptes recevables, y compris les loyers des locataires, ainsi que plusieurs comptes de banque. En tout, 75 saisies-arrêt furent exécutées le même jour, en même temps que la signification de l'action.

Bien sûr, comme principale raison au soutien de sa demande, la demanderesse alléguait l'adultère. En somme, elle ne pouvait plus supporter l'humiliation qu'il lui faisait subir, surtout devant leurs enfants.

Irrité en recevant ce coup assez inattendu, le mari résolut de se défendre avec passion. Il contesta donc, avec l'aide de l'avocat qui, dans le passé, avait bien réussi la perception de ses comptes recevables, toutes les procédures de son épouse, et il fit appel à toutes les dispositions du Code civil et du Code de procédure civile, qui pouvaient lui être favorables. En défense, il nia les allégations de son épouse et il contre-attaqua en soulevant lui-même la question de l'adultère de la demanderesse. À cette époque, le juge pouvait priver la femme adultère de sa part de l'actif de la communauté.

La source principale de l'irritation du mari, c'était sa conviction profonde du fait qu'il avait édifié seul sa fortune, au moyen d'un travail acharné et constant.

Il fallut d'abord disposer des saisies-arrêt signifiées aux 75 tiers-saisis, établir les montants d'argent déposés dans les banques et les sommes d'argent dues à la communauté. Ce fut un travail considérable, d'autant plus qu'il y eut plusieurs déclarations négatives qu'il fallut contester devant la Cour. En fait, le défendeur, parfois de connivence avec certains débiteurs, tentait de soustraire le plus d'argent possible aux saisies, pour diminuer l'actif de la communauté, au cas où il y aurait séparation. De leur côté, plusieurs tiers-saisis tentaient, parfois avec succès, de profiter de la situation pour éviter de payer leur dette ou pour retarder leur paiement. Ce qui empoisonnait l'atmosphère, c'est que, selon la loi, article 814 du Code de procédure civile, le mari est le gardien des biens de la communauté pendant le litige.

Ce qui faisait que cette cause sortait de l'ordinaire, c'est que nous sommes allés certainement plus de 70 fois à la Cour. L'homme se défendait avec acharnement, la haine au coeur. À différents moments, neuf avocats furent ainsi mobilisés contre nous. Voulant gagner à tout prix, il employa tous les moyens.

Pour donner une idée de l'ampleur des problèmes dans cette cause, voici une liste des procédures faites de part et d'autre, mais surtout par le défendeur : bref et déclaration, avec 75 copies pour les tiers-saisis ; avis aux régistrateurs de Thetford Mines et de Montréal ; défense et demande reconventionnelle ; réponse à la défense ; défense à la demande reconventionnelle ; 2 exceptions à la forme, contestations et jugements ; jugements et inscriptions en appel sur les 2 exceptions à la forme ; rejet des deux appels ; 32 déclarations affirmatives des tiers-saisis et inscriptions pour jugements ; requête pour pension alimentaire et garde d'enfant ; factums pour les 2 exceptions à la forme en Cour d'appel ; motion pour détails ; motion pour rejet de paragraphes ; requête en cassation des saisies, rejet de la requête sur contestation ; inscription en appel, appel rejeté ; requête pour possession provisoire de l'auto de la demanderesse ; jugement sur ladite requête ; 23 ordonnances de comparaître aux tiers-saisis n'ayant pas déclaré ; requête pour permission d'alléguer des faits nouveaux ; jugement ; préparation d'une cinquantaine de témoins et envoi de sub poena ; instructions aux shérifs de Thetford Mines et de Montréal ; réquisition d'une ordonnance pour interroger le défendeur ; motion pour exemption ou réduction de pension alimentaire ; contestation de ladite motion et jugement sur ladite motion ; motion pour congé de saisies-arrêt avant jugement entre les mains des tiers-saisis défaillants ; contestation de ladite motion ; motion pour congé des saisies entre les mains de tiers-saisis ayant déclaré négativement ; contestation de ladite motion ; avis de présentation des deux cautions ; contestation de cet avis ; rejet de cet avis ; avis de présentation d'une caution additionnelle ; contestation de cet avis ; jugement acceptant les trois cautions ; acte de soumission des cautions ; saisie-arrêt additionnelle après jugement ; motion pour rejet de ladite saisie-arrêt après jugement ; désistement partiel d'un jugement sur saisie-arrêt conservatoire en mains tierces ; plusieurs contestations de déclarations négatives des tiers-saisis ; poursuite contre les cautions ; inscription par défaut ; motion pour être relevé du défaut ; requête pour nomination d'un séquestre ; appel dudit jugement ; requête pour rejet d'appel ; requête accordée, appel rejeté ; requête du défendeur pour être libéré de payer la pension alimentaire ; requête pour permission de vendre ou hypothéquer les immeubles ; requête pour mode de signification spécial de la requête pour nomination d'un séquestre; requête pour nomination d'un expert; requête pour homologation du rapport de l'expert; contestation du rapport de l'expert; requête pour autoriser le séquestre à payer une partie des frais du requérant; factum de la demanderesse sur le partage; motion pour mémoire de frais supplémentaires; requête pour être relevée du défaut de la part d'une tiers-saisie; requête pour déclarer les frais du séquestre; requête pour ordonnance de vendre deux immeubles; requête pour autoriser le mis-en-cause à payer la pension de la demanderesse; requête pour autoriser le séquestre à payer les comptes du séquestre et du huissier; inscription au rôle général; avis d'audition; requête en rétraction de jugement sur le partage; contestation et jugement sur ladite requête, plaidoyer par factum; requête pour changement de domicile; partage des biens de la communauté, contestation et jugement; appel dudit jugement, factum de l'appelant et rejet d'appel; motion pour amender le rapport définitif de l'expert; vente aux enchères de tous les biens de la communauté; jugement accordant un mémoire de frais supplémentaires au procureur de la demanderesse.

Je suis sûr d'avoir oublié de mentionner plusieurs autres procédures, soit des mémoires de frais, inscriptions, avis, factums, contestations de déclarations négatives de tiers-saisis, jugements, etc.

Toutes ces procédures ont suscité ou occasionné de très nombreuses heures de travail, souvent le soir ou en fin de semaine, un grand nombre d'entrevues, de démarches de toutes sortes, de voyages à Québec, Sherbrooke et Montréal, ainsi que l'étude de la jurisprudence, vacations au greffe et à la Cour, appels téléphoniques, etc.

Voici maintenant quelques faits saillants susceptibles d'intéresser le lecteur.

À l'enquête sur l'action principale, et même sur la requête pour pension alimentaire et garde de l'enfant, la demanderesse, défenderesse reconventionnelle, et ses témoins ont prouvé les allégations d'adultère contre son mari. Certains cas me paraissent suffisamment intéressants pour être mentionnés ici. La plupart sont extraits du jugement final de 85 pages, rendu en décembre 19..., qui accordait toutes les demandes de ma cliente.

Dès le début des interrogatoires, à la Cour, le défendeur ayant allégué que la demanderesse n'était pas digne de la garde de sa fille mineure, nous nous attendions à une offensive en règle de sa part. Or, nous avions affirmé que le mari tenterait de présenter des témoins qui viendraient dire que la demanderesse avait eu des relations sexuelles avec eux.

Ainsi, après bien des démarches, celle-ci avait obtenu les noms de trois ou quatre hommes qui avaient été approchés pour venir prêter de faux serments, moyennant paiement. Quelques jours avant l'audition de cette requête, ma cliente avait trouvé le nom et l'adresse d'un jeune homme de Québec qui pourrait peut-être répondre à son attente. Elle me demanda de venir rencontrer ce jeune homme. Au début de l'entrevue, celui-ci ne voulait rien dire ni rien entendre. Mais je lui fis comprendre que son témoignage pourrait être d'une extrême importance pour nous et pour la justice. Finalement, il nous révéla que le défendeur lui avait offert de l'argent, avec des zéros, pour se parjurer en sa faveur. Alors, le jeune homme nous promit de venir dire toute la vérité à la Cour.

Cependant, je n'étais pas au bout de mes peines. On sait que l'avocat n'a pas le droit de suggérer des réponses à son témoin. Voici comment se produisit la bataille des avocats devant un juge compétent de plus en plus intéressé.

Mon adversaire avait senti le danger. Aussitôt mon interrogatoire du témoin commencé, les objections se mirent à pleuvoir et le juge les maintenait. Je me demandais quoi faire et j'entrevoyais la défaite. De guerre lasse, je demandai au témoin de dire ce qu'il avait à dire concernant le défendeur. Cette fois-là, le procureur du défendeur pouvait difficilement faire objection, et le juge se tint coi. Alors, le témoin répéta ce qu'il m'avait dit à Québec. Il affirma que le défendeur lui avait promis de l'argent, avec plusieurs zéros, s'il venait dire qu'il avait eu des relations sexuelles avec son épouse, la demanderesse. Cette accusation était fausse, ajoutait le témoin : « Jamais, je n'ai eu de telles relations avec madame, ici présente. » À un moment donné, le juge dit : « Ça devient excessivement grave... subornation de témoin.»

Ce témoignage eut une grande influence sur l'issue de la cause.

Peu de temps après la production de la déclaration, le défendeur me fit signifier une motion pour détails dans le but de connaître les noms des personnes avec qui on l'accusait d'avoir eu des relations amoureuses. Cette motion fut rejetée par jugement, « après des plaidoiries orales assez violentes de la part des procureurs des parties », selon les termes mêmes employés par le juge.

Plus tard, à l'issue de l'enquête sur la requête pour pension et garde d'enfant, les plaidoiries furent entendues le soir et se terminèrent à une heure assez tardive. Jamais je n'avais été autant en possession de tous mes moyens. Aussi, je ne me suis pas gêné pour fustiger la conduite du défendeur-requérant, et celui-ci ne broncha pas lorsque je l'accusai d'être un homme passionné qui n'aimait que l'argent et son plaisir charnel.

Plusieurs incidents se sont greffés sur la poursuite. Il y eut de nombreuses contestations, et la preuve fut longue et laborieuse.

À l'audition des premiers témoins sur l'action principale, qui venait appuyer l'allégation d'adultère de la part du défendeur, une objection fut soulevée par le procureur du défendeur. Celui-ci prétendit que la déclaration ne couvrait pas pareil objet et qu'il était absolument pris par surprise. Cette objection, heureusement pour nous, fut rejetée par le juge parce que, dit-il dans son jugement, elle contenait un langage très clair. De plus, le défendeur, qui avait nié ces allégués d'adultère, avait toute la latitude pour faire valoir sa défense.

Nous avons ensuite prouvé une dizaine d'adultères de la part du mari. Comme l'a dit le juge, la preuve en a été faite de façon à ne laisser subsister aucun doute.

Le défendeur a commis l'adultère à maintes et maintes reprises avec G.L. Il s'agit, à vrai dire, d'un cas pitoyable. La jeune fille est sourde et muette. Il l'a rencontrée pour la première fois en avril 19..., près de chez elle. Il lui a donné de la boisson et « a fait l'amour avec elle ».

Le juge poursuivit : « Le témoignage de cette jeune fille est intégralement accepté par la Cour. Elle a témoigné avec humilité, la plus entière bonne foi... Ce témoin a dit la vérité et n'a pas été cuisiné malgré les insinuation du défendeur à ce sujet... »

« Le défendeur a commis l'adultère avec L.G. qui, lors de son témoignage, était « waitress »... À l'âge de 16 ou 17 ans, cette jeune fille, se cherchant de l'ouvrage, a été attirée par le défendeur... Il est remarquable que le défendeur se soit spécialisé dans la capture de jeunes proies. Le chasseur expérimenté qu'il était devenu a-t-il jamais pensé à la terrible responsabilité qu'il assumait vis-à-vis ces jeunes personnes dont il ne pouvait que gâter l'existence et l'avenir?»

Une autre victime, F.L., était âgée de 19 ans lors du procès. Elle était la fille d'un cultivateur «qui a raconté à la Cour, littéralement écrasé par la peine et le chagrin, les fréquentations et assiduités du défendeur avec la jeune fille».

Le père continua en disant que le défendeur était venu chercher sa fille vers 6 heures. «Il m'a dit qu'il venait chercher ma fille pour aller veiller. J'ai dit: 'T'es pas marié, toi? Tu as une femme et des enfants... T'es marié devant l'Église catholique. T'as juré fidélité devant l'Église catholique, t'es marié, y a seulement que la mort qui peut te séparer de ta femme.' Il m'a dit qu'il n'en avait pas de femme.»

«Ne croirait-on pas entendre Nathan fustigeant l'amant de Bethsabée, épouse d'Urie?»

Pour ne pas allonger indûment ce texte, je vous ferai grâce des autres adultères prouvés dans cette cause de la la part du défendeur, mais je ne puis, malgré mon désir d'éviter toute vantardise, résister à la tentation d'en mentionner un dernier.

C'est moi qui avais appelé une dame P.M., par sub poena. Je savais qu'elle avait rencontré le défendeur à plusieurs reprises, mais je n'avais pas de témoins pour appuyer cette conviction. Je décidai donc de questionner cette dame, au risque même de recevoir une réponse négative. Voici ce qu'en dit le juge: «L'interrogatoire de cette dernière a été conduit de main de maître. Madame M..., âgée de ..., entre dans la boîte au témoin, elle est assermentée. Elle est souriante et porte le visage haut.

«Me Robert Marchand lui pose à brûle-pourpoint les questions suivantes:

«Madame M..., avez-vous déjà eu des relations sexuelles avec le défendeur?

«R.– ...

«Par Me procureur de la défense.– Objecté, votre Seigneurie, ce n'est pas un des noms qui est mentionné.

«Par la Cour.– Sous réserve, parlez. (Madame M... tarde à répondre. La Cour enchaîne immédiatement et la regarde fixement) Preuve permise sous réserve. Parlez. Répondez à la question.

«R.– Oui.

«Q.– Quand est-ce?

« R.– ...
« Q.– Une fois ou plusieurs fois?
« R.– Quelques fois.»
Dans la salle remplie à craquer, un murmure passa.

Dans son jugement au mérite, le juge écrit encore : « On réalise que le défendeur, demandeur par reconvention, a été capable des affirmations les plus osées, les plus injurieuses à l'endroit de son épouse. Plusieurs allégations... ne sont rien que d'odieuses inventions.

« Il voulait, à un moment donné, témoigner que sa femme s'était avortée ou fait avorter. Le demandeur reconventionnel en avait fait l'hypothèse qu'il essaya de passer comme un fait :

« J'ai constaté qu'elle devait s'être fait démancher, qu'elle voulait pas que je le sache, que le docteur le sache, qu'elle voulait faire ses affaires seule.

« Par Me Robert Marchand.– Je m'objecte.

« Par la Cour.– Objection maintenue.

« Par Me Robert Marchand, procureur de la demande.– Nous avons un témoin à part ça comme témoin.

« Par Me ..., procureur de la défense.– Nous autres on ne peut pas en avoir évidemment.

« Par Me Marchand.– Vous pouvez l'avoir.

« Par Me ..., procureur de la défense.– Nous autres on ne peut pas obliger le médecin de parler.

« Par Me Marchand.– Madame va relever les médecins de leur secret professionnel entièrement.»

« Il faut avoir vu la mine déconfite du demandeur reconventionnel lorsque l'indication fut donnée que les médecins seraient relevés de leur secret professionnel, pour comprendre puis traduire le désarroi dans lequel se trouva manifestement ledit demandeur par reconvention.

« Il essaya même de parler d'un médecin décédé depuis plusieurs années qui lui aurait fait des confidences, mais évidemment il fut arrêté dans cette voie trop facile et illégale d'attribuer des maladies vénériennes à sa femme.»

« En fait, les docteurs A et B ont témoigné. Ils ont été relevés de leur secret professionnel explicitement par la demanderesse principale ... et ce, dans des documents clairs, explicites, ne comportant aucune restriction quelconque... L'un et l'autre ont expliqué que Madame n'avait jamais eu de maladies vénériennes, qu'il n'y avait aucune trace ni aucun vestige... « On en infère que le défendeur principal, demandeur reconventionnel, est un homme capable de tout inventer et de tout soutenir.»

Une accusation particulièrement grave et sans fondement fut celle où le demandeur reconventionnel a prétendu que son épouse était une nymphomane, explicitant dans ses procédures qu'elle avait des besoins sexuels insatiables et tentant de justifier par cette accusation expresse le comportement prétendûment désordonné équivalant à une folie lubrique de son épouse.

Le docteur A ... nous dit: «La nymphomanie, c'est une perversion sexuelle qui pousse la personne qui en est affectée à être attirée par le sexe opposé de façon désordonnée.

«Par Me Marchand, procureur de la demande.— Alors, voulez-vous nous dire, Docteur, d'après ce que vous avez constaté, si madame..., votre cliente, a été affectée de cette maladie ou le serait encore depuis que vous la connaissez et vous la soignez?

«R.— Je puis répondre négativement, je ne l'ai jamais constaté.

«Il faut bien se rappeler que le docteur A connaît bien madame ... puisqu'il est son médecin et celui de sa famille depuis 19...»

Je crois avoir montré, de façon suffisamment claire, le côté tragique d'une cause de ce genre.

À la fin de toutes ces procédures et de toutes ces batailles, qui se sont terminées par un divorce, le défendeur et demandeur reconventionnel avait perdu sur toute la ligne et se trouvait ruiné, alors que son épouse, après le partage de la fortune en obtenait une part relativement considérable. Mais je suis sûr que l'épouse aurait préféré vivre heureuse, peut-être avec moins d'argent, mais avec le mari qu'elle avait connu dans sa jeunesse.

CAUSES
ET FAITS DIVERS

UN AVOCAT DE QUÉBEC

Un confrère de classe à la petite école était plutôt mal pris. Camionneur de son métier, il s'était fait saisir deux gros camions parce qu'il n'arrivait pas à payer ses versements à la compagnie de finance... Il vint me consulter avant de se résigner à déclarer faillite.

Tout d'abord, je ne voyais qu'un moyen, même aléatoire, de sauver la situation, soit d'obtenir que la compagnie accepte des versements moindres et des délais additionnels pour le paiement de sa dette. Sur mon appel téléphonique, cette demande fut refusée. Alors, en relisant les procédures de la demanderesse, j'eus la bonne fortune d'y déceler quelques erreurs qui pouvaient me permettre de contester lesdites saisies. Mon client pourrait ainsi au moins gagner du temps. Hésitant, celui-ci me demanda de venir avec lui consulter un avocat renommé de Québec.

Le bureau de ce praticien de la grande ville bourdonnait d'activité, et les jolies secrétaires s'affairaient au téléphone ou sur leurs machines, dactylographes, dictaphones, photocopieuses, machines à additionner, etc. Les associés étaient à leur bureaux. Mon ami en avait déjà plein la vue.

Puis, le patron nous reçut avec la cordialité d'un homme du monde. Le téléphone sonna : c'était le ministère de la Justice. L'avocat donna des ordres à sa secrétaire ; elle devait préparer le procès-verbal d'une assemblée des directeurs d'une grosse compagnie connue. De plus, elle devait mettre à l'agenda un dîner au Club de la Garnison, une visite au premier ministre, etc. Le pauvre camionneur en était ébloui, sidéré et disposé à accueillir comme parole d'évangile tout conseil ou avis provenant d'un homme aussi important.

Nous exposâmes le problème. Au début, le célèbre avocat n'était pas de mon avis ; lutter, c'était dépenser de l'argent inutilement. Mais en quelques minutes, je lui fis comprendre qu'il valait mieux tenter une manœuvre désespérée plutôt que de tout lâcher. Il fut donc décidé que je ferais opposition à la saisie des deux camions et que je resterais en contact avec mon consultant de Québec pour obtenir d'autres conseils au besoin. En quittant ce dernier, mon camionneur, toujours sous le charme, demanda à l'avocat le prix de la consultation.

— Faites-moi une petite avance, disons de 75 $, pour commencer, lui fut-il répondu.

Sans réfléchir un instant, mon ami lui donna sur-le-champ la somme de 150 $. Aussitôt sorti, je lui dis :

— Es-tu fou de gaspiller ainsi l'argent dont tu as tant besoin ? Tu n'es pas assez mal pris comme ça ! C'est à peine si je te demande 5 $ pour une consultation, et tu donnes une fortune à cet avocat de Québec pour une entrevue de 15 minutes !

— Tu as bien raison, répondit-il. Je ne sais pas ce qui m'a pris ; j'étais trop impressionné par l'attitude de l'avocat et l'atmosphère de son bureau.

De retour à mon bureau, je rédigeai les procédures destinées à gagner du temps. Or quelle ne fut pas ma surprise en recevant des nouvelles de la compagnie demanderesse !

On nous proposait un nouvel arrangement et des termes de paiement plus raisonnables. La saisie fut levée. Tout cela permit à mon client d'assainir sa situation financière et de continuer son commerce. Il ne retourna pas à Québec, mais il comprit que le fait de pratiquer dans une grande ville ne confère pas nécessairement la compétence et l'habileté.

UN DÉBITEUR RECONNAISSANT

Le jeune homme, de stature imposante, entra dans mon bureau d'un pas décidé. « Monsieur Marchand, dit-il, je suis venu vous remercier. » « Vous voulez rire, lui dis-je. Je vous ai poursuivi pour une dette de 1 200 $ envers une compagnie de finance et vous voulez me remercier ! » « Oui, monsieur Marchand, l'action que vous m'avez fait signifier par un huissier m'a causé un choc. À vingt-six ans, je n'avais jamais eu affaire aux avocats ou à la justice, et je menais une vie désordonnée. Vos procédures judiciaires m'ont ouvert les yeux. Au début, je n'étais pas de bonne humeur, mais j'ai réfléchi. Aussi, à partir d'aujourd'hui, je vais arrêter de faire le fou. J'ai un bon salaire, mais je dépensais tout mon argent à boire et à jouer à l'argent. C'est fini tout ça. Désormais, je vais mener une vie plus rangée. Je vais prendre les dispositions pour vous payer et, ensuite, je pourrai préparer mon avenir avant qu'il ne soit trop tard. Merci, monsieur Marchand. »

Encore sous le coup de l'étonnement, je serrai sa main tendue et lui souhaitai bonne chance.

Inutile de dire que l'attitude de ce débiteur sympathique était de nature à m'encourager. Peu de gens comprennent le rôle de l'avocat d'une manière aussi positive.

LA MORT DU ROI

Le matin du 6 février 1952, je me dirigeais, dans un climat de tempête de neige, vers le palais de justice de Nicolet. Il s'agissait d'une cause d'accident d'automobiles pour une somme assez importante. Arrivé vers les neuf heures, je rencontrai mon client et mes témoins, ainsi que l'avocat de Montréal qui représentait le défendeur. Cependant, nous avions à peine revêtu la toge et le rabat, que le protonotaire vint nous avertir que la Cour ne siégerait probablement pas ce jour-là.

— Mais pourquoi? lui demandai-je.

— Parce que le Roi est mort.

— Mais qu'est-ce que ça fait en ce qui nous concerne? interrogea mon confrère.

— Eh bien! reprit le protonotaire, c'est au nom du Roi que la justice est rendue en ce pays. Georges VI, Roi du Canada, étant mort, il n'y a plus d'autorité et, en conséquence, nous ne pouvons pas procéder.

Après vérification auprès des autorités, soit le ministère de la Justice et le Juge en chef de la Cour supérieure, à Québec, cette opinion fut confirmée.

Désappointé, autant que moi, de ne pouvoir plaider ce jour-là, l'autre avocat, qui ne pouvait revenir le lendemain ni aucun autre jour prochain, proposa un règlement, en capital et intérêts qui, après discussion, fut accepté. Pour ma part, j'étais bien content, car je n'étais pas certain d'obtenir autant, même si la cause avait été plaidée avec succès.

À la vérité, la mort de Georges VI, à l'âge de 56 ans, était un événement malheureux, mais elle avait eu une conséquence satisfaisante pour les parties au litige.

UN DÉBITEUR CHANGE D'HUMEUR

C'était l'époque où l'on faisait «marquer» chez l'épicier du coin. Plusieurs clients en abusaient, alors que d'autres n'avaient pas toujours les revenus pouvant leur permettre de joindre les deux bouts. Chez le marchand, les factures de bière, de viande hachée, de Coca-Cola, de cigarettes et de «baloney» s'empilaient.

Dans le cas auquel je pense, j'avais pris un jugement d'environ 800 $ pour un épicier, et le débiteur ne payait toujours pas. Alors, à la demande expresse du marchand, je me résignai à faire saisir les biens meubles et même la maison du débiteur.

Le lendemain matin, le défendeur-saisi entra en trombe dans mon bureau. C'était un homme de plus de six pieds, les mains larges comme ça. Les bras en l'air, les yeux exorbités, il m'apostropha en criant: «C'est toi, p'tit maudit avocat, qui m'as fait saisir, j'vas t'arranger la face à matin.»

Surpris, je n'eus pas le temps d'avoir peur. Le voyant s'avancer vers moi, menaçant, je pris un ton ferme et lui dis: «Un instant, monsieur, vous pouvez me frapper si vous voulez, allez-y, mais ça va être pire. Si vous voulez m'empêcher de faire mon devoir, vous vous trompez; mais si vous êtes disposé à discuter, je suis prêt à le faire. Asseyez-vous, et nous allons essayer de régler cette affaire ensemble.»

En un instant, l'homme se calma et, en quelques minutes, nous en arrivâmes à un arrangement satisfaisant, le débiteur s'étant engagé à payer sa dette par versements, après avoir donné un acompte substantiel. Il me serra la main chaleureusement et quitta le bureau le sourire aux lèvres.

SAVOIR GARDER SON SANG-FROID

À la Cour, je ne me rappelle pas avoir perdu la maîtrise de moi-même. Bien sûr, j'ai souvent réagi avec fermeté aux attaques, aux insinuations ou aux arguments d'un confrère, quand je les trouvais fallacieux ou mal fondés. En outre, j'ai très souvent répondu assez fermement aux remarques du juge, lorsque je les croyais injustifiées, mais j'ai toujours réussi à dominer mon caractère plutôt bouillant devant la Cour. Cependant, j'ai déjà vu des avocats s'emporter indûment et inconsidérément pour des raisons futiles, et j'ai pu constater qu'un tel comportement n'a pas aidé la cause de ces praticiens.

Je dois toutefois confesser que j'ai perdu contenance à mon bureau quelques rares fois.

Un jour, j'avais sorti un débiteur de mon bureau quand il m'avait lancé, après d'autres insultes, qu'il ne gagnait pas sa vie assis derrière un bureau, lui. Mais cela n'était rien à comparer à l'incident survenu dans les circonstances suivantes.

Il s'agissait d'un accident d'automobiles survenu dans la Beauce. Le montant que réclamait mon client en dommages-intérêts ne me paraissait pas sufissamment justifier des procédures judiciaires, surtout que la cause ne me semblait pas bonne. Je luis dis :

— Si nous plaidons, nous allons perdre, je le crains bien.

— Mais, monsieur Marchand, vous êtes capable de gagner ma cause, vous avez déjà réglé une affaire pour moi et j'ai été bien satisfait.

— Mais, monsieur, je ne suis pas intéressé à perdre, même si la somme d'argent n'est pas considérable.

— Je suis prêt à prendre le risque, maître, et je suis capable de payer s'il arrive que l'action soit rejetée.

— Eh bien! dans ce cas, je vais la prendre votre cause, mais ne venez pas vous plaindre à moi si nous ne réussissons pas.

Or, comme je l'avais prévu, malgré tous mes efforts, le juge rejeta avec dépens l'action que j'avais prise.

Cependant, le plaideur téméraire n'était pas content. Venu au bureau pour régler la note, c'est-à-dire les frais des deux côtés, il commença à grogner, à trouver que les frais étaient trop élevés, que je l'avais trompé, etc. Il va de soi que je n'étais pas de bonne humeur. Mais, à un moment donné, il se mit à insinuer que j'avais été acheté par son adversaire. Soudain, je fus saisi d'une colère violente et je lui lançai :

— Si vous pensez, monsieur, que je vais ternir ma réputation et risquer ma carrière pour une petite cause d'accident d'automobiles, vous vous trompez totalement. D'ailleurs, j'en ai assez entendu. Dehors !... Dehors, et plus vite que ça ! Je ne veux plus vous voir.

Je n'ai pas regretté mon geste.

DES MENACES

L'exercice de la profession d'avocat n'est pas toujours de tout repos. Aussi, il importe de compter avec des difficultés de tout genre qui mettent à l'épreuve un caractère bien trempé. En vérité, tout avocat engagé dans les batailles que lui apporte un travail constant et acharné réçoit à certains moments des insultes, des attaques et parfois des menaces.

Un soir à la maison, un débiteur dont j'avais fait saisir le salaire, m'appela pour me demander de lever cette saisie immédiatement. Malgré le ton agressif de cet individu, je répondis que je lèverais cette saisie contre paiement de la somme due ou encore contre un versement d'un bon acompte sur le capital et les frais, mais à cette condition seulement.

— Vous refusez de lever la saisie? dit-il.

— Oui, je refuse, si vous ne voulez pas payer votre dette; j'ai un devoir envers votre créancier, mon client, et j'ai bien l'intention de percevoir de vous la somme que vous lui devez.

Le ton de la conversation montait.

— Monsieur Marchand, vociféra l'homme, votre maison va brûler cette nuit, et vous saurez que c'est moi qui ai mis le feu.

— Faites comme vous voudrez, répondis-je. Vous ne me ferez pas peur et vous ne m'empêcherez pas de faire mon devoir. Je demeure avec ma famille au 480, rue Laflamme. Venez quand vous voudrez.

Il n'est jamais venu à la maison et il a payé sa dette au bureau.

*
* *
*

Un soir, je travaillais au bureau et je commençais à être fatigué. Le téléphone sonna. Un débiteur à qui j'avais fait signifier une saisie de biens meubles se mit à m'abreuver d'insultes et de menaces. Il était réellement enragé. Sans me laisser le temps de répondre, il vociféra pendant cinq minutes sans reprendre son souffle et sans me laisser le temps de placer un mot. Cette fois-là, je fus vraiment impressionné, surtout quand il me dit qu'il se rappellerait de moi jusqu'à ma mort et qu'il se vengerait. Cet appel me fit réfléchir, mais ne me fit pas reculer pour autant.

UNE PRISE AUX CHEVEUX

J'en étais encore à mes premières armes devant la cour quand on m'apporta cette cause quelque peu inusitée. L'employeur et l'employé étaient de bons amis. Jeunes encore, ils jouaient souvent ensemble à l'heure du midi, sur le terrain de l'usine. Un jour, ils luttaient amicalement mais, tout à coup, le patron se fâcha, sans doute en pensant que l'autre était devenu récemment un militant d'un parti politique adversaire du sien. Abandonnant ses manières douces, le patron se précipita sur son employé, le saisit par les cheveux qu'il avait abondants et frisés et lui arracha la chevelure en le soulevant par le cuir chevelu. Le pauvre garçon en ressentit une douleur épouvantable et du sang se mit à couler.

Inutile de dire que les choses n'en restèrent pas là. L'employé se rendit chez son médecin pour faire constater ses blessures, puis il vint trouver l'organisateur politique de son groupe, qui était déjà l'un de mes clients. Sur sa recommandation, la cause me fut confiée. Sans délai, on décida de porter une plainte de voies de fait avec blessures contre l'employeur.

Bientôt, cette affaire intéressa toute la ville. Deux groupes se formèrent, les uns sympathiques à l'employeur, les autres à l'employé; les uns favorables à la partie adverse, les autres pariant que, même jeune avocat, je pourrais gagner cette cause.

Le matin du procès, j'étais un peu nerveux, sachant fort bien que l'issue de ce litige aurait des répercussions sur mon avenir. La salle était remplie et l'auditoire divisé en deux groupes avait hâte d'entendre les avocats et leurs témoins, puis de connaître le jugement du juge de la Cour des sessions de la paix.

Pour ma part, je soutenais que l'accusé avait manqué de maîtrise de son caractère et qu'il avait intentionnellement blessé le plaignant. De son côté, le procureur du prévenu prétendait qu'il n'y avait eu aucune préméditation ni intention malicieuse de la part de son client dans cette malheureuse affaire. À la fin, la plainte fut accueillie et l'accusé condamné. Par la suite, mon client me demanda de poursuivre son agresseur en dommages-intérêts et sa réclamation fut agréée après quelque résistance.

UN CONTRE-INTERROGATOIRE RÉUSSI

Un épicier-boucher de la région m'avait confié la perception d'un compte de plus de 2 000 $ contre une veuve, à titre d'héritière de feu son mari. Après avoir pris jugement, je me demandais comment l'exécuter.

— Cette femme, me dit mon client, n'est pas honnête, je le crains.

C'est elle qui a fait ce compte qui comprenait beaucoup de bière et des marchandises de luxe. Elle ne travaillait pas et vivait apparemment de prestations du bien-être social, mais elle ne se privait pas pour les taxis, la coiffure et autres dépenses inutiles. Elle riait de mon client et lui disait qu'elle n'avait rien à saisir et qu'il ne serait jamais payé.

— N'a-t-elle pas une maison, demandai-je à l'épicier, qui craignait de plus en plus le perte de sa créance.

— Non, me répondit-il, la maison qu'elle habite appartient à son beau-frère qui vit à Montréal.

— Êtes-vous bien sûr que cette dame n'est pas la véritable propriétaire de la maison? Faisons des recherches et l'on trouvera peut-être quelque chose d'intéressant.

Effectivement, peu avant son décès, le mari, par contrat notarié, avait vendu la maison à son frère de Montréal. Cependant, l'épicier, qui le connaissait, savait aussi que cet homme ne pouvait disposer d'une somme de 3 500 $ pour acheter la maison, car il était pratiquement insolvable.

Nous décidâmes donc de tenter de faire annuler le contrat de vente de la maison, comme ayant été fait en fraude des droits des créanciers de cette femme, et particulièrement de ceux de mon client. La saisie fut exécutée et, comme prévu, le beau-frère fit opposition, affirmant qu'il était l'unique propriétaire de ladite maison. Cette opposition fut contestée et nous nous retrouvâmes devant la Cour supérieure. Nous étions bien conscients de la difficulté de faire déclarer nul un contrat fait et signé en bonne et due forme devant notaire. De leur côté, la femme, son beau-frère et leur avocat étaient pleinement confiants de réussir à faire lever la saisie.

Vint le jour du procès. Après le dépôt du contrat devant le juge et le témoignage du beau-frère opposant, à l'effet qu'il avait bel et bien acheté la maison, je le contre-interrogeai :

— M. D..., vous affirmez avoir acheté la maison saisie par le demandeur?

— Oui, monsieur l'avocat.

— Tournez-vous vers le juge, s'il vous plaît. Dites-nous, maintenant, monsieur, avez-vous payé cette somme-là par chèque, soit 3 500 $?

— Non, je n'ai pas fait de chèque, je n'ai pas de compte de banque.

— Alors, vous aviez cette somme en mains, comme ça, en liquide?

— Oui, j'avais ramassé mon argent depuis plusieurs mois et je le gardais à la maison, en attendant de le placer.

— Où gardiez-vous cet argent, dans la maison?

— Je le gardais dans un coffre-fort.

Voyant que le juge suivait avec une grande attention et que l'autre avocat commençait à se demander où je m'en allais, je continuai:

— L'avez-vous encore, ce coffre-fort-là?

— Non, je ne l'ai plus.

À ce moment-là, mes questions se firent plus rapides, tout en restant précises, brèves et percutantes. Je ne voulais pas laisser le temps au témoin de réfléchir et de fabriquer des mensonges.

— Qu'avez-vous fait de ce coffre-fort-là?

— Je l'ai vendu.

— À qui?

— À un gars de Robertsonville.

— Quel est son nom?

— Je ne me rappelle pas trop, c'est un nommé Dumas, je crois.

— Eh bien! on va le trouver, cet homme-là, pour voir si vous dites la vérité.

— Ah non! lui, il l'a vendu, le coffre-fort.

— À qui? Donnez-nous le nom.

— C'est à un nommé Gilles Pellerin, qui a un magasin à Disraeli.

Le témoin était visiblement ébranlé. De toute évidence, il avait lancé un nom, celui d'un artiste connu, le premier nom qui lui était venu à l'esprit. Il mentait effrontément, mais nous savions qu'il était acculé au mur.

— Votre Seigneurie, dis-je, m'adressant au juge, je demande

un ajournement d'une heure, j'ai des vérifications à faire avant de poser d'autres questions au témoin.

Cet ajournement ayant été accordé, je traversai à mon bureau pour consulter les annuaires téléphoniques des quatre ou cinq dernières années, en plus de celui de l'année courante : pas de trace d'un Gilles Pellerin quelconque. Je téléphonai au secrétaire-trésorier de la municipalité de Disraeli, qui connaissait tout le monde. À ma question concernant ledit Gilles Pellerin, il me répondit qu'il n'avait jamais connu et qu'il ne connaissait aucun Gilles Pellerin à Disraeli.

De retour devant la Cour, il ne me fallut pas cinq minutes pour confondre le beau-frère opposant. Alors, le juge entra en scène. Il fustigea le malheureux témoin complaisant et lui déclara carrément qu'il venait de se parjurer, son histoire étant cousue de fil blanc. Il était désormais bien clair que le notaire instrumentant avait été trompé lorsqu'il avait rédigé son contrat. En conséquence, ledit contrat de vente fut déclaré fictif et nul à toutes fins que de droit, comme on dit en langage juridique, de sorte que mon client fut entièrement payé de son compte d'épicerie, en capital, intérêts et tous les frais.

On a dit que l'avocat est le protecteur de la veuve et de l'orphelin, mais la justice, dans ce cas-là, était du côté de l'épicier qu'on voulait frauder.

TEL EST PRIS QUI CROYAIT PRENDRE

L'obtention et l'exécution des jugements présentent par-fois des problèmes, surtout lorsqu'il est nécessaire d'agir vite. Un jeune homme devait une somme de plusieurs milliers de dol-lars à une compagnie de finance. Un jour, vers la fin de l'après-midi, le gérant de cette compagnie vint m'informer du danger qu'il y avait de perdre sa créance. Le débiteur, crâneur et insul-tant, lui avait dit au téléphone qu'il venait de vendre sa maison, qu'il avait l'argent dans sa poche et qu'il partait le lendemain pour Montréal, sans payer. « Vous pouvez toujours courir, vous n'aurez jamais une maudite cent de moi», avait-il dit.

Comment faire maintenant pour faire payer cet arrogant qui se moquait de ma cliente? En discutant avec le gérant, il me vint à l'idée que le fanfaron ne devait pas avoir gardé plusieurs milliers de dollars dans sa poche et que, si je pouvais découvrir dans quelle banque il aurait pu déposer son argent, j'aurais peut-être la chance de le saisir. Or, sachant bien que les employés de banque ne donnent pas de renseignements sur un coup de télé-phone, je décidait de tenter quand même ma chance. Il y avait dix ou douze succursales de banques à Thetford Mines et à Black Lake. Alors, je commençai à téléphoner, doutant du suc-cès de ma démarche. Au sixième ou septième appel, une jeune fille me fit la même réponse négative que les autres, mais elle ajouta: «Venez demain matin à l'ouverture de la banque et vous pourrez demander au gérant les renseignements que vous désirez obtenir.» J'en conclus que je m'étais adressé enfin au bon endroit.

En vitesse, je préparai une requête pour bref de saisie-arrêt avant jugement, je la présentai avec l'affidavit de mon client au protonotaire de la Cour supérieure, qui l'approuva, et j'attendis au lendemain.

Le jour suivant, l'huissier que j'avais chargé de la significa-tion du bref se présenta à la banque dès l'ouverture de la succur-sale, où il saisit une somme supérieure au montant de la dette du défendeur. Celui-ci arriva bientôt à la banque pour retirer son argent mais, cinq minutes plus tard, rageur, il vint à mon bureau et paya sa dette en entier, en capital, intérêts et frais. Il ne m'en voulait pas trop, mais il continuait à pester contre les compagnies de finance.

UN AUTRE CAS D'URGENCE

Au bureau, nous avions assez souvent des cas d'urgence. Le gérant de la même compagnie de finance m'appela un jour, vers l'heure du souper, pour m'informer que quelque chose de louche se passait dans un garage appartenant à l'un des clients de sa compagnie. Après avoir pris quelques informations, mon associé et moi nous nous rendîmes en vitesse au bureau avec notre meilleure secrétaire.

Aux dernières nouvelles, des mouvements inquiétants se produisaient dans la cour du garage en question. Comme ladite compagnie de finance possédait des liens par contrats sur presque tous les véhicules automobiles se trouvant au garage, il fallait agir, et vite. En peu de temps, nous préparâmes une requête pour saisir-arrêter avant jugement toutes les automobiles et tous les camions faisant l'objet d'un lien en faveur de notre cliente. Au cours de la soirée, nous avons dû mobiliser à la hâte le protonotaire de la Cour supérieure, deux huissiers et même la police pour empêcher les propriétaires de ce garage de se sauver avec les véhicules qu'ils s'apprêtaient sans doute à vendre à prix réduit, pour disparaître rapidement sans payer notre cliente.

Nous l'avions échappé belle. Par la suite, cette affaire se régla en Cour, à notre entière satisfaction.

L'AFFAIRE LEMAY

À cette époque, Georges Lemay, de Montréal, n'était pas encore connu du grand public pour ses démêlés avec la justice, mais il était connu de la police. Il avait commencé à faire des affaires avec une manufacture de meubles de notre région. Au début, il achetait des meubles et payait comptant, mais un jour, après avoir gagné la confiance du manufacturier, il obtint livraison d'une grosse commande et il paya par chèque qui revint pour insuffisance de fonds. Malgré plusieurs tentatives, ce chèque de plusieurs milliers de dollars demeurait impayé. Le manufacturier vint me voir et une action fut intentée en Cour supérieure. Peine perdue : le jugement était inexécutoire.

Dans les circonstances, mon client était furieux d'avoir été roulé et il me demanda de prendre tous les moyens légaux pour faire payer ce débiteur qu'il qualifiait de malhonnête. Or, je ne voyais pas d'autre moyen que celui de la plainte criminelle pour vol. Il paraissait évident que Lemay avait tendu un piège au pauvre manufacturier pour lui extorquer une forte somme.

Mon client signa donc une plainte et un mandat d'arrestation fut émis au palais de justice de Montréal. J'adressai ce mandat à un agent de la paix à Montréal mais, comme je n'avais pas de nouvelles au bout de deux semaines, je pris le téléphone :

— Qu'est-ce que vous faites avec le mandat ? questionnai-je.

— Vous ne connaissez pas Lemay ? Il est dangereux et je n'ai pas envie de me faire tirer. Il a une maison sur une île au nord de Montréal et il est armé.

— Eh bien ! moi, je n'ai pas peur et je vous demande d'exécuter ce mandat sans délai et d'amener Lemay à la prison. Si vous ne voulez pas agir, je m'adresserai au procureur général, l'honorable Maurice Duplessis.

Quelques jours plus tard, Lemay comparaissait au palais de justice de Montréal et choisissait une enquête préliminaire, après avoir plaidé non coupable. Avant l'enquête, le grand criminaliste Chevalier vint me trouver.

— Écoute, jeune homme, me dit-il, tu ne réussiras jamais contre Georges Lemay. Tu ne le connais pas ; tu ferais mieux de laisser tomber.

— Vous êtes un avocat sérieux, lui répondis-je.

— Oui, certainement.

— Eh bien! moi aussi. Je suis entièrement appuyé par mon client, et les procédures continuent.

À la fin de l'enquête préliminaire, le prévenu Lemay fut envoyé aux assises criminelles pour y subir son procès devant un juge et douze jurés.

Dans les quelques mois qui suivirent, Lemay et l'un de ses comparses m'appelèrent à plusieurs reprises. On me disait par exemple :

— Laisse tomber la plainte contre Lemay ou tu vas le regretter. Tu sais, il y a un gars qui a été tiré à Montréal et l'on n'a pas encore trouvé par qui il a été tué.

Ou encore :

— Il y a un homme dans le nord de la ville qui n'a plus ses deux jambes et il cherche encore le nom de son agresseur.

J'ai eu au moins une dizaine d'appels de la sorte, mais je répondais toujours :

— Vous ne m'empêcherez pas de faire mon devoir.

Ou encore :

— Je n'ai peur de personne.

Je savais que mon client avait reçu des appels semblables et qu'il n'avait pas froid aux yeux, lui non plus.

Toujours est-il que, quelques jours avant la fixation d'une date pour le procès de Lemay, l'avocat Chevalier m'appela pour me dire que Lemay était prêt à proposer un mode de paiement de sa dette envers mon client.

Je me rendis donc à Montréal et, comme Lemay voulait le retrait de la plainte, je lui opposai mon opinion que je ne pouvais pas le faire sans autorisation de la Cour. Sur ma suggestion, nous nous rendîmes, les deux avocats, chez le juge qui devait présider, quelques minutes plus tard, la Cour des sessions de la paix, pour lui exposer le problème. Le juge nous dit que, si je déclarais n'avoir pas de preuve suffisante à offrir, il autoriserait le retrait de la plainte portée contre Lemay. Dans le corridor, l'avocat me dit qu'il avait été pris par surprise lors de l'enquête préliminaire, mais que cette fois, il était mieux préparé et qu'il était assuré de faire rejeter cette plainte. De mon côté, je n'avais plus le témoin le plus important, un gérant de banque qui était disparu, de sorte que je commençais à craindre de manquer mon coup. L'argument de mon adversaire, à savoir qu'il s'agissait d'une affaire civile, me paraissait de plus en plus plausible. En conscience, je pouvais donc déclarer que je n'avais pas de preuve suffisante à offrir dans cette cause. Sur le banc, le juge autorisa donc le retrait. Alors, l'avocat Chevalier et son client vinrent me rencontrer dans une chambre du palais de justice pour le paiement de la somme due à mon client. L'un des deux s'excusa pour un instant, alors que l'autre sortit pour aller chercher un reçu. Comme ils prenaient beaucoup de temps, je pensais bien ne jamais les revoir. Mais ils revinrent tous les deux et me comptèrent la somme en billets de banque. Au nom de mon client, je l'acceptai, même si le compte n'était pas tout à fait complet.

À la sortie du palais de justice, Georges Lemay me dit :

— Écoute, je peux bien te le dire, j'ai pris bien des risques jusqu'à présent. Tu serais surpris de savoir comment j'ai réussi dans diverses entreprises; j'ai été accusé plusieurs fois, mais j'ai toujours été acquitté. C'est la première fois que je me fais prendre. Je suis pris, je paie. Félicitations.

Craignant de me faire attaquer en sortant du palais de justice, je sortis précipitamment et je me rendis dans la première succursale de banque pour y déposer l'argent.

On sait que Georges Lemay fut recherché et condamné par la suite pour un gros vol par effraction dans une banque... Autre fait intéressant, il était marié à la soeur de Raymond Daoust, grand criminaliste de Montréal, mon confrère à l'université McGill, maintenant décédé. Sa femme était disparue en Floride quelque temps avant son arrestation.

Je me souviendrai toujours de cette aventure avec celui qu'on peut appeler l'un des grands de la pègre montréalaise.

DES MORTS ET DES BLESSÉS

Un employé d'une compagnie avait pris le gros camion de ses patrons et, après avoir bu copieusement à l'hôtel, il s'était élancé sur la route à une vitesse folle en zigzaguant d'un côté à l'autre du chemin. Or, ce qui devait arriver arriva : le camionneur en goguette frappa de plein fouet une automobile qui venait à sa rencontre, tuant deux personnes et en blessant deux autres.

Au criminel, l'homme fut condamné à la prison pour un an. Quant à la principale cause civile, elle fut d'abord confiée à un avocat éminent de Québec mais, à un moment donné, les victimes ou leurs héritiers changèrent de procureur et je fus chargé de continuer les procédures.

J'obtins facilement un jugement contre le camionneur mais la compagnie, également poursuivie, se défendit avec acharnement. Par la voix d'un excellent avocat de Québec, elle prétendait qu'elle n'était pas responsable parce que son employé ne se trouvait pas dans l'exercice de ses fonctions lors de l'accident. En Cour supérieure, le juge donna également raison à mes clients mais, en appel, le dernier jugement fut renversé, et l'employeur obtint gain de cause. Très désappointé, je me consolai en constatant que c'était à cause d'une erreur de l'avocat qui m'avait précédé que j'avais perdu contre l'un des deux défendeurs. Mon client étant décédé, sa veuve et héritière me devait une somme assez importante mais, devant ses supplications, j'acceptai d'elle un paiement complet et final de moins de la moitié du compte, pour mes frais judiciaires et extrajudiciaires, ce qui ne l'empêcha pas de me critiquer en retour. Quant au défendeur condamné, il n'a pas encore payé tous les frais judiciaires après plus de trente ans.

PAS DE CHANCE

Bien souvent, l'occasion m'a été donnée de remettre à un client une somme d'argent importante, surtout à la suite d'une cause d'accident d'automobile. Il semble bien certain que, la plupart du temps, cette somme ait été employée à bon escient. Cependant, il n'en a pas toujours été ainsi, du moins dans certains cas qui sont venus à ma connaissance.

Un jeune homme avait ainsi reçu un chèque de plusieurs milliers de dollars à titre d'indemnité à la suite d'une blessure. Or il s'empressa de s'acheter une automobile neuve. Puis, le samedi soir suivant après avoir fait le tour de quelques hôtels, il alla écraser son véhicule contre un arbre et y trouva la mort.

UN GARÇON TROP PRESSÉ

Au bureau, nous avions une réclamation d'un jeune homme dans une cause d'accident d'automobile. À un moment donné, l'un de mes associés, qui s'occupait de cette affaire, reçut une offre de règlement que notre client voulait accepter. Cependant, nous n'étions pas de cet avis, car l'offre n'était manifestement pas suffisante. Nous parvînmes à persuader le client à demander davantage.

Puis, à deux reprises, ladite offre fut augmentée quelque peu. Alors, malgré mes conseils, le jeune impatient accepta un règlement qui ne nous paraissait pas convenable. Il était pressé de sauter sur quelques milliers de dollars qui se trouvaient à portée de la main. N'ayant jamais vu une telle somme de près, le pauvre garçon dépensa en quelques semaines, follement et inconsidérément, l'argent qu'il avait touché. Hélas! la belle vie ne dure pas toujours et, bientôt, complètement fauché, il eut la malencontreuse idée de tenter un vol avec effraction dans une banque. La police le surprit en flagrant délit et mit fin à ses jours.

Comme quoi l'argent corrompt souvent ce qu'il touche!

UN SUCCÈS INATTENDU

Pourquoi avais-je pris ce risque? Et que diable allions-nous faire dans cette galère? me disais-je sur le chemin de Valleyfield. Songeur à côté de moi, Marcel B... avait eu un gros accident dans cette région du sud de la province. Il avait frappé une autre automobile de plein fouet sur la grand-route et maintenant, il se trouvait poursuivi pour dommages matériels et blessures corporelles. Seul témoin contre plusieurs, dont deux Allemands, il se trouvait dans une fâcheuse position, car les montants en jeu étaient considérables, et il n'avait, pour tous biens, que son salaire relativement maigre dans une compagnie minière de notre région. Sans trop de conviction, j'avais contre-attaqué avec une demande reconventionnelle dirigée contre le conducteur et le propriétaire de l'autre véhicule, soit les deux Allemands. À tout hasard, les deux parties avaient fait venir l'agent de la Sûreté du Québec, venu sur les lieux après l'accident, mais ce témoin n'était pas sûr.

La cause me paraissait perdue d'avance et mon client, un timide qui parlait lentement, en hésitant quelque peu, était bien conscient du sort qui l'attendait. Mais il ne voulait pas s'avouer vaincu sans combattre. Enfin, avec les avocats et les juges, disait-il, on ne peut jurer de rien avant le prononcé du jugement final.

Les prétentions des deux parties étaient basées sur la théorie de « l'agonie de la collison », chaque conducteur affirmant avoir été forcé de quitter sa droite dans une rencontre, pour éviter l'autre qui se dirigeait droit sur lui.

Le palais de justice de Valleyfield, déjà ancien, avait belle allure, avec les ornements de sa pierre grise, sa façade imposante et son parc où les ormes de haute taille étaient sans doute centenaires. Dans le hall, les deux Allemands semblaient m'attendre. Comme je savais quelques mots d'allemand, je leur dis : « Guten Tag » et notre conversation, commencée dans la langue de Goëthe, se poursuivit en anglais. Évidemment, ils avaient pleine confiance en leur cause et en leur avocat, un praticien bien connu de Montréal. D'avance, ils nous prenaient presque en pitié. À un moment donné l'agent de la Sûreté me fit signe qu'il voulait me parler avant le procès. Il vint me montrer une bouteille qu'il avait trouvée dans l'auto de mon client, sur les lieux de l'accident. Elle était vide de gin. J'étais atterré et mon attitude pessimiste s'en trouva augmentée, même si mon client disait qu'il sagissait d'une bouteille qu'il avait remplie d'eau au cas de besoin pour lui-même ou le radiateur de son auto. Le juge ne le croirait pas.

Les témoins à l'enquête durent subir un barrage de questions, en anglais surtout pour nos adversaires. Soudain, je m'aperçus que le juge s'intéressait surtout aux traces sur le pavé asphalté, à la trajectoire des deux automobiles et à leur position dans le fossé après l'accident, du côté de mon client. En conséquence, je concentrai mes questions sur ce dernier point et en fis presque l'unique base de mon argumentation. Les deux parties confirmèrent leur version originale : en voyant l'autre automobile obliquer dangereusement vers sa gauche, le chauffeur s'était dirigé également vers sa gauche pour éviter l'accident. Or, à ce même moment, l'autre avait aussi tenté une manoeuvre semblable in extremis, mais en sens contraire, et le face à face s'était produit. Mais comment expliquer que les deux véhicules se trouvaient tous deux dans le fossé, à la droite de mon client? C'est que le conducteur adversaire avait perdu la maîtrise de son véhicule qui était resté trop à sa gauche, alors que l'autre n'avait pas tout à fait quitté sa droite. Le jugement nous fit gagner sur toute la ligne ; l'argument de la position des automobiles après l'accident avait été déterminant.

Les deux Allemands étaient furieux au-delà de toute expression. L'un des deux paya la demande reconventionnelle et les frais judiciaires, mais l'autre, déménagé à Toronto, refusa de payer sa part de mes frais, prétextant qu'il ne devait pas souffrir parce que je m'étais montré meilleur avocat que celui qu'ils avaient choisi. Il alléguait aussi l'erreur du juge dont la sagacité avait été trompée par un habile plaidoyer.

Enfin, le risque a parfois du bon.

CONDUITE EN ZIGZAG

Sans trop de conviction, j'avais pris une action en dommages-intérêts contre un camionneur à la suite d'un accident d'automobile. Sur une route droite, mais assez étroite, mon client, au volant de son automobile, avait tenté de dépasser le gros camion du défendeur, mais sans succès.

Devant le juge, le demandeur rendit un témoignage très peu convaincant. Après avoir suivi le camion pendant plusieurs milles, il avait risqué un dépassement, mais il avait manqué d'espace et son automobile s'était retrouvée dans le fossé. C'était un mauvais témoin, de sorte que le procureur du défendeur n'aurait pas dû faire entendre son client comme témoin, sa cause paraissant gagnée.

Cependant, le défendeur se montra encore plus mauvais témoin. Il expliqua qu'il n'avait pas de rétroviseur extérieur, de sorte qu'il devait zigzaguer au volant de son gros camion pour voir si aucun autre véhicule ne tentait de le dépasser, vu qu'il allait lentement. C'est donc en obliquant à gauche qu'il avait frappé l'auto de mon client.

Nous eûmes gain de cause.

UN POLICIER DÉSAPPOINTÉ

À la suite de quelque-uns de mes nombreux succès devant la Cour des sessions de la paix, un garde-chasse qui me devait sa nomination — et qui, incidemment, fut assassiné plus tard par le le fameux bandit français Jacques Mesrine —, m'avait appelé «gagneux de causes» en présence d'un agent de police de la région.

Peu de temps après, cet agent prépara une cause de facultés affaiblies par l'alcool contre un jeune homme devenu mon client. Certains l'appelaient le «joyeux bandit», et il devait se faire appeler plus tard le «millionnaire original». Il avait été arrêté par cet agent qui commençait à s'impatienter de ne pouvoir le mettre à sa place, après plusieurs tentatives de le prendre en défaut.

Or, je fus appelé à défendre l'acccusé, qui voulait à tout prix sauver son permis de conduire. De son côté, le policier cherchait à le faire condamner coûte que coûte. À la Cour, le policier jura que le prévenu était fortement sous l'influence de boissons alcooliques lorsqu'il avait été arrêté au volant de son automobile, une grosse Cadillac. Cependant, le témoin n'avait pas donné beaucoup de détails sur le comportement de l'accusé. Alors je le questionnai à peu près ainsi :

— Monsieur l'agent, qu'est-ce qui vous fait dire que mon client était sous l'influence de l'alcool quand vous l'avez arrêté ?

— Bien, il gesticulait, les bras en l'air.

— Oui, mais vous le connaissez de longue date, ce jeune homme-là, il parle toujours comme ça, les bras en l'air, n'est-ce pas ?

— Ah ! pour ça, c'est vrai.

— Maintenant, avez-vous remarqué autre chose chez lui ?

— Bien, il avait les yeux rouges.

— Oui, mais il les a toujours les yeux rouges, n'est-il pas vrai ? Approchez et regardez bien.

— Ah oui ! je le vois bien. Mais il marchait de travers un peu en sortant de son automobile.

— Monsieur l'agent, n'est-il pas vrai que le terrain n'est pas très plat sur l'accotement à cet endroit ? De plus, le prévenu a l'habitude de sautiller en abordant un interlocuteur. Il devait faire une grimace qui ressemblait à un sourire, n'est-ce pas ?

— Ah! c'est bien possible.

Enfin le juge prononça l'acquittement du prévenu, lui accordant le bénéfice du doute. Ce que voyant, le policier manifesta son désappointement et il s'enfuit en me jetant un regard furieux.

Quelques semaines plus tard, ce même policier, qui ne me regardait plus, fut appelé à témoigner dans une de mes causes d'accident d'automobile et il rendit un témoignage surprenant et entièrement défavorable à mon client. Il m'est impossible de dire qu'il s'est parjuré ; d'ailleurs je ne pourrais le prouver après tant d'années, mais j'ai conservé l'impression qu'il était bien content d'essayer de me nuire.

UNE COLLISION DANS LA POUSSIÈRE

Un voyageur de notre région avait eu un accident en Gaspésie. Circulant seul dans son automobile dans un chemin en réparations, il avait été aveuglé par une abondante poussière et il avait été frappé par un autre véhicule qui venait à sa rencontre. Bien entendu, chaque conducteur mettait la faute sur l'autre. Chacun disait qu'il avait gardé la droite et que c'était l'autre qui avait quitté la sienne. Dans un cas semblable, un juge avait déjà dit à deux plaideurs : « Puisque vous étiez chacun de votre côté du chemin, il n'y a pas eu d'accident, alors, allez-vous-en chez vous. » Mais dans notre cas, il y avait bien eu collison frontale.

À cause d'une circulation assez importante à cet endroit, la police, venue sur les lieux, n'avait pu relever les traces qui auraient pu faire la preuve de la position des deux automobiles au moment de l'impact. Après l'accident, les deux véhicules s'étaient arrêtés chacun de son côté, l'un au bord du fleuve et l'autre près du rocher.

On voit la difficulté : dans un litige, il y avait danger de perdre ou d'obtenir un jugement établissant une responsabilité partagée, ce que mon client, un homme au caractère entier et autoritaire, ne voulait même pas envisager. Ainsi donc, malgré la grande distance que nous aurions à parcourir, une action fut instituée contre le Gaspésien. Après les procédures, la cause fut fixée pour être entendue le 13 août au palais de justice de Percé.

Il y avait des témoins, mais l'huissier, à qui j'avais confié la signification des sub poenas, m'informa que ces gens, qui connaissaient bien le défendeur, ne voulaient pas venir témoigner à Percé, soit à une grande distance de leur domicile. Ce contretemps me força à rendre visite moi-même aux récalcitrants. Après avoir vérifié qu'ils avaient bien reçu les avances nécessaires à leurs déplacements, je les avertis que, s'ils ne se présentaient pas à la Cour pour rendre témoignage à la date fixée, ils pourraient être poursuivis. Ce n'était pas une menace, mais un avertissement, à savoir que, dans un tel cas, des sanctions pourraient être appliquées, selon la loi. Or, le matin du procès, tous les témoins étaient là, mais je sentais quand même une certaine hostilité envers mon client et moi-même, qui étions pour eux des étrangers.

À l'enquête devant le juge de la Cour supérieure, je faisais face à un avocat de grande expérience. Cependant, les interrogatoires et les contre-interrogatoires décidèrent du sort du litige. Les deux conducteurs disaient qu'ils avaient été frappés dans une rencontre alors qu'ils ne pouvaient circuler plus à droite, l'un près de la mer et l'autre près du rocher. Toutefois, je réussis à établir et surtout à faire admettre au défendeur qu'avant la collison, il avait vu venir, dans son rétroviseur, un troisième véhicule qui était passé entre les deux autres, soulevant un énorme nuage de poussière qui les avait aveuglés.

Dans son jugement, le juge fit donc pencher la balance en notre faveur, pour deux raisons : le défendeur, qui avait vu venir ce tiers en arrière de lui, aurait dû prévoir qu'il soulèverait cette poussière aveuglante et s'arrêter avant le désastre ; en second lieu, le défendeur gaspésien connaissait bien les lieux tandis que le demandeur y passait pour la première fois.

Avec ce succès, le voyage en Gaspésie, au mois d'août, avait été agréable.

QUAND LA FEMME EST JOLIE

Il m'est arrivé quelquefois d'avoir comme témoins des femmes d'une beauté remarquable. Dans une cause d'accident d'automobiles, l'issue du procès me paraissait douteuse. Il y était question de signal d'arrêt, de vitesse exagérée et de distance entre les deux automobiles. Cependant, à la Cour, la demanderesse commença son témoignage. C'était une jeune femme d'environ trente ans, très jolie, très bien habillée, d'allure réservée, mais nullement timide. Elle était ma cliente. Immédiatement, je m'aperçus que le juge n'était pas indifférent à son charme. Aussi, je ne fus pas surpris de voir qu'il approuvait tout ce qu'elle disait. Aussitôt qu'elle ouvrait la bouche, il disait : « Vous avez raison, madame, vous avez bien fait de faire cette manoeuvre au volant de votre automobile. Il est vrai que pous pouviez nous engager dans l'intersection si l'autre automobiliste était loin, c'est sa faute, il allait trop vite. » La cause était gagnée.

Après le jugement, le juge m'appela dans son bureau. « Sais-tu, me confia-t-il, j'ai failli me faire ensorceler par ta belle cliente... Heureusement que tu avais d'autres arguments, car si ta cause avait été plus faible, j'aurais pu commettre une grave erreur. »

Et il affichait un grand sourire.

LA NEIGE

L'avocat de province est plus exposé que d'autres à voyager au loin dans l'exercice de sa profession. Souvent, il doit se rendre au palais de justice d'une autre ville, parce que la cause a pris naissance dans un autre district ou encore parce que l'appel est entendu à Québec ou à Montréal.

Avec le recul du temps, je me rappelle que certains de mes déplacements au cours des intempéries, surtout l'hiver, n'étaient pas de tout repos ; je me rends compte que la témérité, en certaines occasions, aurait pu me jouer de vilains tours, voire m'être fatale.

Un soir, comme je revenais de La Tuque vers Trois-Rivières, seul, la tempête s'éleva, la température s'abaissa rapidement et le vent, soufflant en rafale, se mit à charrier une neige si drue et si dense que je ne voyais plus mon chemin, au bord de la rivière Saint-Maurice. Pendant plusieurs heures, je réussis, de peine et de misère, à maintenir l'automobile sur la route, mais la tension nerveuse devenant très forte, il aurait fallu m'arrêter ; mais je craignais d'être frappé par en arrière.

Brusquement, l'auto s'arrêta complètement, les phares s'éteignirent, la tempête devenait tourmente et le froid sibérien. La peur me prit. Pourquoi n'étais-je pas resté à l'hôtel de La Tuque, bien au chaud et bien à l'abri? Pas une maison, pas une lumière en vue. Je décidai de laisser l'auto au milieu du chemin, pour marcher à la recherche d'une maison ou d'un garage. Soudain, j'aperçus un hôtel apparemment fermé. Personne, pas un signe de vie. Des deux ou trois automobiles stationnées dans la cour, toutes les portes étaient barrées. Je sonnai, puis frappai à la porte. Rien, pas un bruit. J'avais les pieds gelés. De tous mes poings et même de mes pieds, je frappai désespérément et longtemps, mais en vain. Enfin, comme je me préparais à casser une vitre pour entrer comme un voleur, un homme vint m'ouvrir. Il s'excusa. Il avait bu et n'avait pas entendu mes appels. Je lui dis : « Donnez-moi un double gin et une chambre au plus vite, je meurs de froid et de fatigue. »

Cette fois-là, j'avais eu peur de mourir.

Un autre jour, je fis face à une effroyable tempête entre Sainte-Marie-de-Beauce et Lévis, mais je pus me rendre à un hôtel de Saint-Henri. Le lendemain, les journaux rapportaient que plusieurs personnes étaient mortes de froid ou étouffées par le monoxyde de carbone, dans leur automobile, sur le même chemin que j'avais emprunté.

AUTOUR
DE LA JUSTICE
ET DE LA COUR

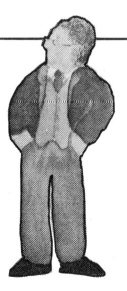

.

UN JUGE ENTREPRENANT

La jeune femme était ma cliente depuis quelque temps. Elle avait témoigné la veille, dans sa propre cause de séparation. Elle entra en coup de vent au bureau pour me raconter ce qu'il lui arrivait. En un instant, je me rappelai que le juge avait semblé la trouver jolie pendans son témoignage.

— Imaginez-vous, me confia-t-elle, que ce juge m'a appelée trois fois dans la soirée d'hier, pour me rencontrer. La troisième fois, je lui ai « chanté des bêtises », et je lui ai fermé la ligne au nez. Puis, ce matin, j'ai écrit au Premier ministre et au Juge en chef pour leur demander de garder leurs maquereaux à Québec.

Sans doute, ce juge avait-il pris quelques verres alors qu'il s'ennuyait seul dans sa chambre.

*

* *

*

Le même juge, qui a connu quelques avatars par la suite, a commis quelques erreurs impardonnables dans certaines de mes causes. Par exemple dans celle-ci : il s'agissait d'une demande de libération d'un failli, où je représentais quatre opposants, dont une compagnie de finance. Après le témoignage du failli, je n'avais pas encore eu le temps d'appeler mon premier client, le gérant de ladite compagnie, que le juge manifesta son intention de rendre son jugement libérant entièrement le failli de toutes ses dettes.

— Un instant, votre Seigneurie, m'écriai-je, j'ai des témoins à faire entendre ; ils sont ici dans la salle.

— Qui représentez-vous, Me Marchand ? dit le juge, apparemment surpris.

— Mon premier témoin est le gérant de la compagnie de finance.

— Quoi ! fit le juge, vous voulez que j'écoute les doléances de ces requins, ces vautours qui sucent le sang du pauvre, qui écrasent les petits emprunteurs et les égorgent avec des taux d'intérêts exorbitants...

Et il s'apprêtait à continuer sa diatribe quand, oubliant ma politesse habituelle, je l'interrompis :

— Mais, votre Seigneurie, vous ne pouvez pas refuser à un

justiciable, créancier en l'instance, de se faire entendre. Devant la Cour, la règle *Audi alteram partem* (Entendez l'autre partie) est sacrée. Malgré mon respect pour les juges, je ne puis accepter cela, fis-je, sentant mon irritation augmenter. Si vous pensez que je vais dire à mes clients de retourner chez eux sans avoir été entendus, vous vous trompez.

— J'ai dit : libéré, libéré une fois, libéré deux fois, libéré trois fois.

— Eh bien! moi je vous dis, monsieur le juge, je vais immédiatement en appel, une fois; mais ça va compter, et votre jugement sera renversé.

Je partis en claquant la porte.

Sans perdre une seconde, et sous le coup de l'indignation, je me rendis au bureau pour dicter d'un seul souffle une inscription en appel. Cependant, en recevant cette procédure, le procureur du failli, conscient de la faiblesse de sa position juridique, admit l'erreur du juge et recommanda à son client de payer sa dette, ce qui fut fait dans un court délai.

*
* *
*

Un autre conflit avec le même juge éclata à peu près dans le même temps. De toute évidence, il était trop sympathique pour les débiteurs qui faisaient cession de leurs biens.

Un jeune cultivateur avait fait faillite, causant une perte considérable à l'un de ces créanciers en particulier. Encore là, je fus chargé de produire une vigoureuse opposition à la libération de ce débiteur insolvable. Or, pendant les procédures faites par le syndic, nous avions appris que le failli se préparait à partir pour les États-Unis et qu'il avait même en mains un visa du consul américain à Québec. Dans ces conditions, nous étions autorisés à soupçonner qu'il voulait s'expatrier avec l'intention de ne pas payer ses dettes, quoi qu'il arrive. Mon client m'invita à aller au fond de l'affaire.

Le consul des États-Unis à Québec me reçut avec amabilité. Entré aussitôt dans le vif du sujet, je lui demandai pourquoi il accordait si facilement un visa à un failli qui s'apprêtait à faire perdre des milliers de dollars à ses créanciers.

— Mais, dit le consul, cet homme est venu me voir et il m'a dit qu'il serait libéré prochainement; il avait la promesse du juge... Alors, j'appelé le juge et il m'a confirmé qu'il accorderait cette libération entière à ce jeune homme. C'est pour cette raison que je lui ai délivré un visa.

Comme bien l'on pense, je n'étais pas de bonne humeur.

En plein mois de juillet, le juge décida de venir à Thetford Mines pour entendre cette demande de libération. Il faisait un voyage spécial.

Dès les premières minutes de l'audience, le juge déclara que cette cause ne serait pas longue car il avait l'intention de procéder rapidement. L'altercation ne tarda pas à se produire.

— Dois-je comprendre, votre Seigneurie, que vous avez l'intention de rendre jugement accordant la libération du requérant sans nous donner le temps de faire valoir notre point de vue?

— Maître Marchand, vous savez fort bien que ce jeune homme a besoin d'être débarrassé de ses dettes, pour refaire sa vie et se rendre de nouveau utile à la société.

— Je comprends ça, votre Seigneurie, mais pas au dépens de ses créanciers.

Le ton montait.

— De toute façon, reprit le juge, tout doit être fini vers onze heures, j'ai un train à midi.

— Je regrette, votre Seigneurie, mais j'ai l'intention de faire mon devoir, même si je dois prendre un peu plus de temps...
Faisant allusion aux informations du consul des États-Unis, j'ajoutai: Il semble, votre Seigneurie, que votre jugement soit rendu d'avance, mais mon client aura toujours un recours en appel.

— Me Marchand, ne pensez pas me faire peur avec des menaces. Je n'ai pas peur de la Cour d'appel.

— Je vous dis simplement, monsieur le juge, que si nous perdons, nous inscrirons la cause en appel.

Le jugement fut rendu un peu plus tard et la demande de libération fut rejetée, quant à l'opposant.

Cependant, rendu aux États-Unis, le débiteur se croyait bien à l'abri. Aussi fut-il bien surpris à son retour au Canada quelque temps après, au volant d'une automobile presque neuve. L'huissier l'attendait. L'automobile fut vendue et le créancier fut payé en grande partie.

QUELQUES INCIDENTS DÉSAGRÉABLES

Certains juges, dont la grande compétence est reconnue par tous, sont parfois désagréables. Après tout, ils sont humains comme nous et ils font des erreurs, comme nous. Voici quelques cas où, à mon humble avis, le juge est allé un peu loin, au point où, ne pouvant intervenir, je me trouvai plutôt mal à l'aise.

Dans une cause touchant à la politique, l'avocat du demandeur avait commencé par donner beaucoup de publicité à son client dans les journaux locaux. On aurait cru, en lisant la déclaration reproduite *in extenso*, qu'il s'agissait d'un jugement rendu contre le défendeur pour diffamation. Or, en défense, je commençai par produire une requête pour précisions, dans le but d'obtenir de nombreux détails concernant entre autres le lieu, le temps et la nature exacte des faits reprochés au défendeur, ainsi que le nombre de votes obtenus par le demandeur dans les deux élections précédentes, etc.

Lors de la présentation de cette requête, mon jeune confrère se leva pour contredire en droit certaines de mes demandes et plusieurs de mes positions quant à la jurisprudence. Incidemment, connaissant l'importance de l'affaire, qui pouvait avoir des rebondissements inattendus, je m'étais préparé et j'avais produit ce matin-là une longue liste de causes pertinentes à ce litige. Or, le jeune procureur du demandeur, apparemment pris au dépourvu et ne sachant trop quoi faire, commença à exprimer certaines opinions manifestement erronées en ce qui concerne la procédure et la jurisprudence. Le juge se mit à discuter sur quelques points, mais il s'impatienta assez vite.

— Écoutez, Me ..., dit-il, s'avançant sur son siège, je constate que vous ne connaissez pas votre droit. Eh bien ! ne savez-vous pas qu'il y a des universités au Québec, où vous devriez retourner ? Il y a des recueils de jurisprudence à la disposition des avocats, il y a des confrères qui peuvent vous aider de leurs conseils ; allez les voir !

Devant la salle remplie, le juge continua sur ce ton, pendant que l'avocat se voyait confondu. Par la suite, le pauvre confrère ne retrouva jamais l'élan qu'il avait au début.

Aujourd'hui, il n'est plus.

*
* *
*

À Montréal, où je plaidais en Cour supérieure, le juge lisait son jugement sur le banc. Il accordait la demande de ma cliente dans une cause matrimoniale. Or, inopinément, comme le juge allait finir, le procureur de la partie adverse se leva pour l'interrompre.

— Votre Seigneurie, dit-il, j'aurais encore un témoin à faire entendre, et je demanderais l'autorisation de l'appeler.

Immédiatement, le visage du juge se durcit et il apostropha l'avocat en ces termes :

— Écoutez, Me ..., il est malhonnête de votre part et contraire à l'éthique professionnelle d'agir comme vous le faites. Vous attendez que j'aie annoncé quel serait mon jugement pour faire une telle demande. Vous venez de déclarer votre preuve close et, vous voyant perdu, vous voulez revenir avec un autre témoin pour tenter de m'influencer. Eh bien! je me rappellerai de ça. Je vais vous permettre de faire entendre ce témoin, mais je ne veux plus vous voir devant moi, jamais. Entendez-vous, jamais, jamais, jamais!

Le jugement resta le même après l'audition de ce témoin, mais cet incident avait fait une impression profonde.

*
* *
*

L'enquête s'étant prolongée considérablement dans une cause où l'interrogatoire était d'une importance cruciale, mon confrère, sans doute fatigué, se mit à déformer les faits d'une façon révoltante. Je me levai, comme mû par un ressort :

— Votre Seigneurie, je m'objecte à ce que mon confrère questionne le témoin de façon à l'inciter à affirmer des faussetés.

— Objection maintenue. Me ..., proféra le juge, posant un regard dur sur mon confrère, dois-je vous rappeler que le devoir de l'avocat, c'est d'aider la justice?

Inutile de dire que l'atmosphère dans la salle était devenue pénible. Pour ma part, jamais je n'aurais voulu recevoir une telle insulte.

L'ÂGE DES JUGES

Aujourd'hui, la retraite obligatoire des juges est en vigueur. C'est une bonne chose, car un juge âgé peut rendre de mauvais jugements, même si certains d'entre eux ont effectué et peuvent encore effectuer des travaux juridiques considérables et remarquables à un âge avancé.

Voici deux exemples dont j'ai été le témoin.

Nous plaidions une cause de 400 $, ce qui était assez important en 1949. À un moment donné, le juge, âgé d'environ 80 ans, commença à dodeliner de la tête. Je remarquai aussi qu'il avait les yeux fermés et qu'il ronflait légèrement. Alors, ne sachant trop que faire, je me penchai vers mon confrère de la partie adverse.

— Qu'est-ce qu'on fait? lui dis-je.

— Arrête de parler, tu vas voir ce que le juge va faire.

Ce silence réveilla le magistrat. Il toussa légèrement, puis il dit:

— Continuez, continuez, Me Marchand, je ne dors pas, j'écoute.

À la fin de nos plaidoiries, le juge trancha:

— 25 $ plus les frais.

Inutile de dire que personne n'était content.

*

* *

*

À la Cour d'appel, il s'agissait d'un accident d'automobiles survenu l'hiver dans la neige. Mon client, conduisant son véhicule à sa droite, était presque arrêté lorsqu'il fut frappé par une énorme charrue à neige. Nous avions perdu en Cour supérieure, à notre grande surprise d'ailleurs.

Or le juge qui présidait le banc en Cour d'appel, âgé de 82 ans, accueillit mon plaidoyer très favorablement, à un point tel qu'il demanda au procureur de la partie adverse s'il ne pensait pas que nous avions raison et que l'appel devrait être rejeté. Il termina en indiquant clairement que notre appel serait maintenu...

Or, quelle ne fut pas ma surprise en recevant un jugement défavorable, environ sept mois plus tard!

LES HUISSIERS

Quand j'ai commencé à exercer, il y avait encore quelques huissiers assez peu instruits. Certains étaient de véritables « Père Ovide » ou factotums de village, ce qui n'est pas nécessairement un terme péjoratif. Ils rendaient bien service, mais ils le faisaient parfois d'une manière artisanale. Il fallait toujours surveiller leurs rapports, à la suite d'une signification, d'une saisie ou d'une vente à l'enchère.

Avec les années, une certaine centralisation se produisit, leur nombre a diminué, plusieurs se sont associés, surtout dans les villages, pour former des bureaux plus compétents, efficaces et prospères, du moins jusqu'à ce que les avocats perdent les petites créances et les causes d'accidents d'automobiles. Règle générale, les huissiers se sont considérablement améliorés.

Les huissiers que j'ai connus ont tous été dévoués; ils étaient de fidèles auxiliaires de la justice, sauf pour quelques exceptions à qui l'on pouvait reprocher parfois d'exécuter les saisies à leur manière, sans le consentement de l'avocat. Je disais parfois aux huissiers: « L'avocat, qui a reçu un mandat de son client, est le seul maître du dossier, de sorte qu'il peut seul accorder au débiteur un délai ou des accommodements pour payer sa dette et pour se conformer à l'ordre de la Cour. » Cependant, dans quelques cas isolés, ils ne suivaient pas les instructions données et ils tardaient à remettre certaines sommes d'argent à l'ovocat. Cette pratique les obligeait à faire eux-mêmes une comptabilité pour chaque saisie. D'un autre côté, il faut reconnaître que cette habitude pouvait avoir des avantages. En effet, l'huissier, qui connsaissait souvent mieux la situation et les moyens du débiteur, était parfois mieux en mesure de juger ce qu'on pouvait exiger de lui. En fait, la règle à suivre dans les rapports avec l'avocat et son huissier, c'est une collaboration étroite et constante.

Au cours des années, je n'ai eu que très peu de mauvaises expériences. Je me rappelle d'un cas... Un jour, mon huissier avait dépensé l'argent qu'il avait perçu au moyen d'une saisie, et il ne pouvait plus me le remettre. Une autre fois, en bavardant avec un juge de la Cour supérieure, je lui dis que l'un des huissiers du bureau avait en mains une quarantaine de brefs de saisies et qu'il prenait beaucoup de temps à s'en occuper. Tout de suite, le juge me demanda de lui donner le nom de l'huissier. Au début, je ne voulais pas le lui donner, mais il insista tellement que je fus obligé d'obtempérer. Séance tenante, le juge téléphona à l'huissier et le menaça de lui faire perdre sa commission s'il ne faisait pas son travail rapidement. Le lendemain, ledit huissier rapporta tous mes brefs de saisies et les jeta sur mon bureau en maugréant. J'exigeai cependant qu'il terminât son ouvrage et qu'il me fît un rapport sur chaque exécution, ce qui prit un certain temps à venir. Par la suite, cet homme changea de métier et disparut.

Malgré l'incident que je viens de raconter, j'ai gardé un très bon souvenir des huissiers qui ont rendu de grands services à mon bureau dans la recherche de la justice. Leur aide a été précieuse et indispensable.

Le métier d'huissier n'est pas toujours facile.

Un jeune homme m'importunait depuis longtemps pour se faire nommer huissier, mais je doutais qu'il eût les qualités nécessaires pour exercer ce métier. Cependant, sur son insistance, j'en parlai à mes confrères et je présentai au juge de la Cour supérieure une requête pour le faire nommer. Or, la première saisie qu'il fut appelé à exécuter s'adressait à des gens habitués à ce genre de visite et ils étaient tout disposés à faire un mauvais parti au premier qui se présenterait. À peine le nouveau huissier avait-il franchi le pas de la porte que le mari, un géant hirsute, commença à le menacer de ses énormes poings, pendant que son épouse lui assénait force coups de balai, en criant et en le repoussant dehors... Le bonhomme sacrait et la bonne femme criait toutes sortes d'injures. Devant cette furie, l'huissier s'empressa de quitter les lieux. Comme le corbeau de la fable, honteux et confus, il jura qu'on ne l'y prendrait plus... Il démissionna sans délai.

Dans mes premières années, un huissier était venu exécuter un de mes jugements dans une maison à la campagne, et il entreprit de saisir et d'emporter une laveuse, qui était alors saisissable selon le Code de procédure civile. La pauvre maîtresse de maison, qui protestait violemment, avait saisi la laveuse à bras-le-corps, pendant que l'huissier s'était agrippé au tordeur. On imagine la scène : chacun tirait de son côté dans un brouhaha indescriptible. À un moment donné, le tordeur se détacha et les deux antagonistes allèrent s'écraser contre les murs. Devant la détermination de la pauvre femme, l'huissier abandonna ses efforts, en promettant de revenir. Mais, en pensant à la misère de ces pauvres gens, je trouvai un moyen de me montrer charitable envers eux. Tout de même, l'huissier riait en me racontant sa triste aventure.

Plus tard, un incident semblable se produisit. Il s'agissait d'un homme très en vue qui ne payait pas ses dettes. Après jugement pris contre lui, je fis émettre un bref de saisie-exécution et je le confiai à l'huissier. Seule l'épouse de ce débiteur se trouvait au foyer lors de la visite de l'huissier. Elle fit une scène terrible lorsque celui-ci voulut s'emparer d'une coutellerie. Alors que les couteaux et les fourchettes volaient de tous côtés du coffre, que se disputaient la femme en pleurs et l'huissier, ce dernier décida d'abandonner la partie. J'approuvai cette décision parce que j'avais d'autres moyens de faire payer ce débiteur qui faisait la fête dans une autre ville et laissait les problèmes à son épouse.

Une autre fois, un client m'avait confié la perception d'un compte pour un montant assez important, dû par un débiteur de Trois-Rivières. Comme celui-ci ne payait pas, même après jugement rendu contre lui, je le fis venir au palais de justice d'Arthabaska, où se trouvait le dossier, pour l'interroger sur ses biens et créances. Or, cet interrogatoire révéla que le défendeur avait une automobile au nom de sa femme. Se montrant tout à fait convaincu que je ne pouvais rien faire contre lui, il avait stationné ladite automobile à quelques centaines de pieds du palais de justice, et il se moquait de moi. Dans les circonstances, il me paraissait évident que cet homme était le vrai propriétaire du véhicule, mais qu'il l'avait mis au nom de sa femme, pour éviter de payer ses dettes. Sous un prétexte quelconque, je sortis du petit bureau où nous nous trouvions et me rendis au bureau du protonotaire pour demander d'urgence un bref de saisie-exécution et appeler l'huissier le plus proche. Au bout de quelques minutes, l'huissier arriva, prit le bref et s'apprêtait à aller saisir l'automobile quand le débiteur, intrigué par le va-et-vient, se rendit compte de la menace et se précipita vers son auto pour s'enfuir. Ce fut une course entre lui et l'huissier ; je courais à quelques pas en arrière. L'homme réussit à mettre la clef au moteur, mais l'huissier, qui avait reçu un coup de portière avant, eut le temps de le tirer hors du véhicule après une lutte brève, mais violente. Comme j'arrivais à la rescousse, l'individu se calma. Il fut alors procédé à la saisie. Ramené au palais de justice, notre homme manifesta le désir de payer toute sa dette, en capital, intérêts et frais. Son chèque fut visé par sa banque, par téléphone, et l'affaire était réglée. L'huissier avait été habile, vif et courageux.

UNE TACTIQUE PROFITABLE

À plusieurs reprises, il a été question de chiffres et de comptabilité dans mes causes et, à quelques occasions, j'ai employé avec succès la tactique de jeter la confusion chez l'adversaire.

Un exemple : un bijoutier était poursuivi pour une somme d'environ 2 000 $ par un grossiste de Trois-Rivières, mais il m'assurait qu'il ne devait pas cette somme. Je lui accordai le bénéfice du doute quant à son honnêteté et j'entrepris de le défendre.

Le procès eut lieu en Cour supérieure, au palais de justice de Trois-Rivières. En contre-interrogeant le demandeur, je fis en sorte de l'embrouiller de belle façon. Ce qui me facilitait la tâche, c'est que le compte comprenait quelques chèques sans provisions, mais aussi des intérêts ajoutés en trop, des escomptes consentis, des marchandises chargées mais non livrées, des additions indues pour marchandises retournées, et autres erreurs. Devant mes questions en succession rapide, l'autre avocat était aussi perdu que son client.

Quant au juge, il ne comprenait rien à toute cette affaire, malgré toute sa science juridique qui, d'ailleurs, ne pouvait l'aider en l'occurrence. Vers les trois heures de l'après-midi, il devint excédé et conseilla aux deux parties de régler cette affaire à l'amiable. Alors, profitant de la situation, je proposai un règlement de cent dollars, plus les frais d'une action de ce montant, ce qui fut accepté avec soulagement par les deux parties. On ne sut jamais le montant réel de la dette de mon client. L'important, c'est que mon client était bien satisfait et qu'il semblait bien en paix avec sa conscience.

UN MANQUE D'EXPÉRIENCE?

Dans une cause de tentative de viol, ma première de ce genre, devant un juge et douze jurés, je pensais avoir fait un bon plaidoyer pour l'accusé. Mon but avait été de démontrer que si la jeune plaignante avait été molestée, c'était parce qu'elle avait fait des avances au jeune présomptueux qui l'avait fait monter dans son auto. Âgée de dix-huit ans, la jeune fille avait d'abord été attirée par le charme du jeune homme, dans une auto magnifique, puis par le fruit défendu qui s'offrait à elle. Elle riait de son aventure mais, quand elle avait voulu arrêter l'ardeur du jeune homme, il était déjà tard. À ce moment-là, je tentai de montrer l'état psychologique d'une jeune fille exposée à la dangereuse tentation.

Dans cette affaire, j'avais peut-être eu le tort de mal choisir quelques-uns des jurés, dont l'un d'entre eux surtout avait un visage qui pouvait annoncer une conscience très scrupuleuse. Or, c'est précisément lui qui fut choisi comme porte-parole de ses confrères jurés lors du verdict de culpabilité.

Inutile de dire que, malgré mes efforts, je n'ai eu qu'un succès mitigé quant à la sentence.

Cette cause m'a appris que le choix des jurés peut être très important.

IL NE FAUT JAMAIS SE DÉCOURAGER

Pour mon client, l'issue de ce procès représentait le succès ou la ruine de son entreprise de commerçant agricole. Il cherchait, au moyen d'une opposition, à faire annuler la saisie effectuée par un tiers sur des machineries de ferme et plusieurs animaux, le tout d'une valeur de plusieurs milliers de dollars. Une vente de date récente, prétendait ce tiers, avait été faite par un insolvable, en fraude de ses droits de créancier. De notre côté, nous prétendions que la vente était honnête et valide, et que mon client était le seul et unique propriétaire des effets et des animaux saisis. Il ne connaissait pas l'insolvabilité de son vendeur et il n'avait pas pris connaissance des annonces de vente en justice publiées à son sujet dans les journaux. Aussi, je déployai toutes mes ressources et je fis appel à toutes mes connaissances juridiques pour obtenir gain de cause. Sachant que le juge était très compétent, j'espérais beaucoup de lui.

Mais ne voilà-t-il pas que, dès le début de l'enquête, le savant magistrat multipliait les remarques sarcastiques et exprimait des opinions diamétralement opposées aux miennes. Pendant deux jours, il tenta de me convaincre que j'avais tort sur toute la ligne. À un moment donné, nos divergences d'opinions, basées de part et d'autre sur les dispositions du Code civil, du Code de procédure civile et même sur la jurisprudence, allaient jusqu'aux limites de l'altercation verbale. Cependant, je restais toujours respectueux. À la fin, le juge qui s'impatientait dit : «Je connais mon droit.» «Moi aussi», répondis-je, sans trop penser que je devenais impertinent. «Je respecte votre opinion, votre Seigneurie, mais je ne suis pas d'accord avec vous.»

À la fin du procès, je m'attendais à une décision défavorable mais, à ma grande surprise, le jugement fut rendu en faveur de mon client.

Le respect du juge n'exclut pas la persévérance et la fermeté.

UN ARGUMENT DE DROIT

Je défendais un jeune homme de 18 ans accusé d'avoir été criminellement négligent dans la mise en service d'un lourd camion qui avait causé des blessures graves à plusieurs personnes dans un accident de la route. L'accusation était portée en vertu de l'article 221 du Code criminel du Canada.

À l'issue de son procès devant la Cour à Saint-Joseph-de-Beauce, l'accusé ne fut pas trouvé coupable de la plainte telle que portée. « Ce n'est pas, dit le juge, le criminel en état d'ivresse qui passe sur un feu rouge ou qui conduit avec le plus grand dédain de toute sécurité publique. » Cependant, l'accusé fut trouvé coupable sous l'article 221, paragraphe 4, du Code criminel. Sur mes conseils, le prévenu en a appelé de ce jugement. Devant la Cour d'appel, je développai deux arguments, le premier basé sur les faits qui, selon nous, ne constituaient pas une négligence criminelle, mais, en second lieu, je comptais surtout sur le fait que, lors de cet accident, le paragraphe 4 de l'article 221 du Code criminel n'existait pas. En effet, ce paragraphe n'avait été ajouté que plusieurs mois plus tard, de sorte qu'il n'avait pas et ne pouvait avoir d'effet rétroactif.

Devant les trois juges de la Cour du banc de la Reine, l'argumentation ne fut pas longue. Après avoir entendu mon plaidoyer en droit, que j'avais présenté en premier, le juge qui présidait demanda à l'avocat de la Couronne s'il avait quelque chose à dire sur ce point. « Rien à dire », déclara mon adversaire. « Eh bien ! nous allons dire quelque chose, reprit le juge. L'appel est maintenu est l'accusé acquitté. »

Par la suite, les actions civiles qui avaient été instituées contre mon jeune client furent réglées à son avantage et satisfaction.

(Cette cause est rapportée : *Nadeau vs La Reine*, 1964, C.B.R., page 627.)

PERSONNE N'AIME ÊTRE TÉMOIN

C'est bien connu, les gens n'aiment pas être témoins dans un procès, à l'étranger comme chez nous. Ils ne tiennent pas à être dérangés pour une rémunération minime. En outre, ils ont un peu peur des avocats et des juges dans l'atmosphère de la Cour.

En voyage à Washington, j'avais pris place dans un autobus à peu près rempli de Noirs. À un moment donné, l'autobus frappa une automobile conduite par un imprudent qui avait effectué un virage à gauche sans signaler son intention de le faire. Avant tout mouvement, le conducteur me demanda si je voulais donner mon nom pour servir éventuellement de témoin. Je lui répondis que cela ne servirait à rien, car je devais retourner au Canada le lendemain. Il se tourna alors vers un groupe de Noirs pour leur faire la même demande, mais personne ne voulait donner son nom et son adresse... Ce que voyant, le conducteur, manifestant sa mauvaise humeur, déclara que personne ne sortirait de l'autobus tant qu'il ne serait pas assuré d'avoir des témoins, au cas où il devrait aller en Cour.

Après un moment d'hésitation, plusieurs s'avancèrent pour donner leurs noms et adresses.

LE FILS TÉMOIN CONTRE SON PÈRE

Les avocats et les juges n'aiment pas voir témoigner les enfants et même les adolescents dans les causes matrimoniales. Cependant, il le faut dans certains cas.

Un garçon de 15 ans devait témoigner contre son père, un homme très dur qui lui faisait peur. En outre — on l'apprit par la suite —, l'adolescent était forcé de travailler trop fort dans l'entreprise de son père, et sa frêle constitution s'en ressentait.

Dès mes premières questions, le jeune homme commença à manifester une certaine nervosité et une réticence évidente à répondre à mes questions précises. Un peu embarrassé, je lui demandai de ne pas se laisser intimider par l'atmosphère de la Cour et la présence de ses parents. Je m'approchai de lui et répétai ma dernière question mais, à ce moment-là, son visage devint d'une pâleur extrême et ses yeux hagards. Soudain, il s'abattit de tout son long près de la boîte aux témoins, sans connaissance.

Quelques minutes plus tard, le jeune homme, ayant repris ses esprits, fut interrogé à huis clos, dans la chambre du juge, sans la présence des parents.

Ce malheureux incident me laissa longtemps songeur. Les parents qui se chicanent ne savent pas quel mal ils font à leurs enfants.

UN TÉMOIN RÉCALCITRANT

C'était l'honorable juge Eugène Marquis, de la Cour supérieure, qui présidait le tribunal. Je me permets de le nommer, parce que je l'ai beaucoup aimé et admiré pour sa grande culture juridique et sa haute compétence.

Un homme d'une cinquantaine d'années avait été appelé comme témoin, mais cela ne lui plaisait pas. Alors, pour se donner du courage, il était allé faire un tour à l'hôtel en face du palais de justice. De plus, à tous les quarts d'heure, il venait voir si son tour de témoigner approchait, et il retournait boire un autre coup, de telle sorte que, lorsqu'il fut enfin appelé, il marchait d'un pas mal assuré vers la boîte aux témoins. À toutes mes questions, la figure rouge et les dents serrées, l'homme répondait : «Je le sais pas, je m'en rappelle pas, peut-être que oui, peut-être que non, vous savez, ça fait si longtemps.» Après quelques réponses aussi évasives, il apparut clairement qu'il était de mauvaise foi et qu'il ne voulait rien dire de compromettant. Tout à coup, le juge, qui s'impatientait, frappa violemment sur son pupitre en s'écriant : «Écoutez, monsieur, je vais vous faire parler, moi ; il y a des cellules ici, vous allez y goûter, ça ne sera pas long, et vous allez y rester plus longtemps qu'à l'hôtel. Je vous conseille de cesser de vous moquer de la Cour.» Du coup, le témoin en fut dégrisé, et il s'empressa de parler sensément et de dire tout ce qu'il savait.

LE PÈRE A PEUR

À Dosquet, non loin de Québec, un très gros accident s'était produit en face d'un hôtel et il y avait eu un mort. La veuve voulait me confier sa cause, mais les témoins étaient introuvables. Je résolus d'enquêter moi-même sur place et je me rendis d'abord à cet hôtel. La serveuse, fille de l'hôtelier, avait tout juste commencé à me dire qu'elle connaissait des témoins et qu'elle-même pouvait me fournir des informations très utiles, lorsque son père, qui avait apparemment eu connaissance de notre conversation, l'appela dans la cuisine. Je l'entendis dire à sa fille : « C'est un maudit avocat qui veut t'amener à la Cour comme témoin. Je ne veux pas que tu te mêles de cette affaire. Alors, ferme-la. » Revenue vers moi, elle ne voulut rien dire de plus ; elle tremblait de peur.

De toute façon, cette affaire n'eut pas de suite, car on avait découvert sur le cadavre de l'homme, un bon client de l'hôtelier, une grande quantité d'alcool.

UN GRAND PARLEUR DEVIENT TIMIDE

L'homme qui m'avait confié sa cause était un grand parleur, qui ne connaissait pas, mais pas du tout, la timidité. Sa cause semblait bonne, mais le succès dépendait surtout de son témoignage.

Or, l'avocat de la partie adverse, en contre-interrogatoire, réussit à le réduire à l'impuissance. Il lui faisait admettre tout ce qu'il voulait. J'avais beau faire des objections, même sans fondement, mon client disait toujours oui à l'autre avocat, même à des questions très simples où il me paraissait évident qu'il devait répondre par la négative.

Après le procès, je demandai à mon client s'il était malade. Il répondit : « Je ne sais pas ce qui m'a pris, j'ai perdu complètement le fil de mes idées et l'autre avocat a eu beau jeu, et il aurait pu me faire dire n'importe quoi. »

Évidemment nous avons perdu. Il ne me fit pas de reproche. Comme quoi le trac n'est pas uniquement le propre des artistes !

UN TÉMOIN SE PARJURE

Cette fois-là, j'occupais pour le plaignant dans une affaire de voies de fait avec blessures. Or, pendant que je plaidais après les témoignages, le juge m'interrompait et semblait prendre la part de la partie adverse. Je m'impatientais, car je croyais que l'hôtelier, témoin de la rixe qui s'était produite dans son établissement, s'était parjuré en couvrant l'agresseur de mon client. Comme je devenais véhément, le juge me dit : « Me Marchand, vous avez gagné assez de causes devant moi, il ne faut pas vous désoler si vous en perdez une. » Piqué au vif, je répondis au juge que la justice était au-dessus des calculs mathématiques. Cependant, je perdis cette cause.

Mais quelques jours plus tard, je rencontrai cet hôtelier-témoin au coin de la rue, et il vint à moi.

— Monsieur l'avocat, dit-il, je regrette d'avoir témoigné contre votre client l'autre jour. Vous comprenez, l'autre était l'un de mes meilleurs clients de l'hôtel, et c'est pourquoi je n'ai pas réellement dit la vérité.

— Quoi ? lui répondis-je, vous venez me dire que vous vous êtes parjuré. Vous êtes mieux de disparaître.

Vraiment, il y en a qui ont le parjure facile, parfois sans se rendre compte de la gravité de leur acte !

UN TÉMOIN À LA MÉMOIRE COURTE

Dans une cause de séparation de corps et de biens, importante par les sommes d'argent en jeu, je massacrai littéralement le défendeur qui tentait de cacher des actifs appartenant à la communauté.

Sur des indications de ma cliente, j'avais obtenu possession d'un chèque de 600 $ payé au défendeur par un créancier de la communauté. J'avais ce chèque dans mon dossier, pour empêcher mon adversaire de le voir pendant mon contre-interrogatoire. Voici le dialogue qui s'ensuivit avec le défendeur:

— Monsieur D..., avez-vous, au cours de votre administration des biens de la communauté, reçu un montant d'argent de monsieur G...?

— Non, je ne me rappelle pas.

— Voulez-vous dire que vous pouvez avoir oublié ou que vous n'avez pas reçu d'argent de cet homme?

— Je suis sûr de n'avoir rien reçu de lui.

— Jurez-vous cela?

— Oui, je le jure.

— Comme ça, vous n'auriez pas reçu de chèque de cet homme ces derniers temps?

— Non, pas du tout.

— Vous n'auriez pas reçu un chèque de quelques centaines de dollars de cet homme, domicilié à D...?

— Je vous jure que non.

— Je vous pose une dernière question. Êtes-vous bien sûr, monsieur D..., de n'avoir pas reçu et encaissé à votre nom un chèque de 600 $, daté du ... et tiré sur la Banque Canadienne Nationale, succursale de B...?

Je suis sûr de n'avoir jamais reçu un tel chèque.

— Jurez-vous ça?

— Oui, je le jure.

Le défendeur crânait, mais il était perdu. À ce moment-là, dans un geste spectaculaire, je sortis le chèque de mon dossier, je le lui mis sous le nez en demandant au défendeur-témoin:

— Alors, qu'est-ce que c'est, ça?

Complètement désarçonné, le défendeur bredouilla:

— Je l'avais oublié, celui-là.

Mais le juge savait désormais à qui il avait affaire, et ma cliente obtint un bon jugement.

BIEN PARLER

Il y a quelques années, on entendait souvent dire que l'avocat devait être un bon orateur. Dans les procès criminels surtout, on mentionnait quelques noms d'avocats dont les brillantes plaidoiries avaient sauvé la tête d'un accusé ou lui avaient obtenu une peine beaucoup moindre. Qu'est-ce à dire? Pour être un bon avocat, faut-il nécessairement être un orateur remarquable? À mon avis, non.

Chez les Romains, au temps de Cicéron, on donnait de l'avocat la définition suivante: *Vir bonus, dicendi peritus* (Un homme bon, habile dans l'art de la parole). Il semble bien que, dans le passé, on ait exagéré cette qualité qui, manifestement, était devenue un défaut. En effet, les habitués du palais de justice en étaient venus à considérer qu'un discours flamboyant, à l'emporte-pièce, devait inévitablement valoir à son auteur un gain de cause assuré, si son adversaire était moins brillant.

En France, on exagérait grandement, surtout si l'on en croit certains rapports ou certaines productions cinématographiques. À la vérité, les avocats rivalisaient pour flatter les amateurs d'éloquence, parfois au détriment de la cause elle-même. Voici un exemple de l'un de ces discours destinés à provoquer des émotions fortes. C'était en 1927. À la fin du procès du Dr Pierre Bougrat, accusé du meurtre d'un nommé Rumèbe, le représentant du Ministère public se surpassa dans cette péroraison célèbre: «Ombre de Rumèbe, apparais parmi nous, dresse-toi devant cet individu. Apparais, spectre pitoyable dont les restes mortuaires ont été par la faute de ce lâche, privés de sépulture pendant trois mois. Pardonne à la justice ses lenteurs inévitables. Retourne-toi vers cet homme qui fut ton frère d'armes, ton ami, vers cet homme qui, pour satisfaire à d'immondes passions, n'hésita pas à te supprimer. Retourne-toi vers les jurés et demande-leur justice. Jurés des Bouches du Rhône, c'est la peine de mort que je réclame!»
En 1946, au procès pour meurtre de l'accusé Pétiot, appelé «le diabolique», son avocat, Me René Floriot, garda la parole pendant sept heures. Dans son livre *Les Grands procès d'assises*,

René Montarron écrit : « Ce fut l'une des plus belles et des plus longues plaidoiries de sa carrière. À deux reprises, la foule, subjuguée par ce tour de force, ne peut se retenir de l'applaudir. »

Chez nous, il y a une cinquantaine d'années, on affectionnait également des plaidoiries de ce genre. Mais ce temps-là est bien passé.

En fait, il reste qu'un avocat plaideur doit avoir la parole facile, mais il doit éviter la grandiloquence qui pourrait porter à rire, car il importe de manier l'arme de l'émotion avec beaucoup de prudence. Ce qui compte, c'est l'expression claire du raisonnement, de la logique, les affirmations et les conclusions basées sur les faits prouvés... Ceci n'empêche pas l'avocat de donner de la profondeur et une certaine élévation à sa plaidoirie quand les circonstances le permettent.

Dans tous les cas, il importe de parler clairement, assez fort et en bon français. Que de fois n'avons-nous pas entendu des avocats bredouiller ou faire toutes sortes de fautes ? Par exemple : « Comment qu'y avait de pieds entre les deux bumpers ? » ou encore : « Quossé qu'y a dit le gars qui t'a passé ce sâpin-là ? » Un bon vocabulaire est un atout important devant la Cour. Si l'on s'exprime bien, l'on s'apercevra vite que, comme l'a dit Boileau :

Ce que l'on conçoit bien s'énonce clairement,
Et les mots pour le dire arrivent aisément.

Épilogue

Un souvenir, c'est l'image d'un rêve, d'une heure trop brève qui ne veut pas finir.
(Chanson d'autrefois)

Mon rêve, c'était d'avoir une brillante carrière, entièrement consacrée au service des autres. Le droit, profession parfois décriée, mais fascinante et toujours admirée, a été mon choix enthousiaste. C'était un bon choix... Ces milliers de clients, venus me consulter au bureau, et que j'ai tant de fois défendus à la Cour, il m'incombait de les conseiller, de les rassurer et de les protéger dans les épreuves de leur vie. En province, il semble que le client soit plus sincère et moins orgueilleux que celui de la grande ville cosmopolite.

Ce rêve, je l'ai réalisé en partie, et j'aurais voulu qu'il continuât encore pendant de longues années. Mais la santé, ce support indispensable, est aussi un tyran dont il faut malheureusement subir les ordres cruels et mystérieux.

Maintenant que cette carrière, comme un soleil couchant, touche à sa fin, j'en revois, j'en revis les instants les plus heureux, et aussi les plus difficiles, en somme les instants les plus marquants de ces années d'une vie si intense et si pleine d'une ardeur soutenue.

Tout compte fait, j'espère avoir servi, même avec mes faibles moyens, et malgré mes erreurs, la grande cause de la Justice.

Aux jeunes gens, malgré les conditions du temps présent, je n'hésite pas à conseiller de choisir la carrière d'avocat de province. Vous savez, la fortune sourit aux audacieux. On y rencontre des difficultés, mais aussi combien de consolations et de récompenses. À la vérité, j'envie votre jeunesse et je suis tenté de citer cette parole entendue quelque part: «Jeunes gens! donnez-moi votre jeunesse si vous ne savez qu'en faire.»

La profession d'avocat est un sacerdoce. Elle est exigeante, mais quand on la choisit, et surtout si on l'exerce dans un milieu rural, on en retire une immense satisfaction et des joies profondes qui durent toute la vie, et même au-delà.

En terminant, on me permettra d'ajouter une dernière considération. Maintenant que je ne pourrai plus prodiguer assistance et conseils à ceux qu'on appelle les justiciables, maintenant que ma voix ne retentira plus au prétoire, je ne souhaite qu'une seule chose, je n'ai qu'un désir : *Tantus labor non sit cassus* (Que tant de labeur n'ait pas été en vain)!

TABLE DES MATIÈRES